给年轻人的
数字经济启蒙

[日]野口悠纪雄 著　车阳 译

中信出版集团 | 北京

图书在版编目（CIP）数据

给年轻人的数字经济启蒙 /（日）野口悠纪雄著；
车阳译 . -- 北京：中信出版社，2023.5
ISBN 978-7-5217-5434-6

Ⅰ . ①给…　Ⅱ . ①野…②车…　Ⅲ . ①信息经济 – 青
年读物　Ⅳ . ① F49-49

中国国家版本馆 CIP 数据核字（2023）第 036387 号

给年轻人的数字经济启蒙
著者：　　　[日] 野口悠纪雄
译者：　　　车阳
出版发行：中信出版集团股份有限公司
　　　　　（北京市朝阳区东三环北路 27 号嘉铭中心　邮编　100020）
承印者：　　北京诚信伟业印刷有限公司

开本：880mm×1230mm　1/32　　印张：7　　字数：77 千字
版次：2023 年 5 月第 1 版　　　　印次：2023 年 5 月第 1 次印刷
京权图字：01-2020-0275　　　　　书号：ISBN 978-7-5217-5434-6
　　　　　　　　　　定价：59.00 元

前言

　　本书是关于数字货币及其底层技术——区块链的入门级科普书，旨在帮助年轻人打开数字经济的大门。

　　近年来，人们对数字货币的关注热度不减，从每天的相关新闻报道中便可看出。而且，各种媒体都在做关于数字货币的专题报道。

　　之所以有此景象，经济学角度在于数字货币的价格上涨，其作为新兴的投资对象而备受瞩目。

　　但是，数字货币与迄今为止的投资对象相比，具有完全不同的特质，所以相关领域的知识是不可或缺的。

　　本来金融产品的结构就很复杂，很容易沦为诈骗工具，而数字货币的结构又和传统的金融产品完全不同，这进一步增加了理解难度，在使用时更易于被不法分子利用。

如果对数字货币没有充分理解，就进行投资，那更是非常危险的。即使没有被骗，在不理解数字货币结构的情况下，就进行相关的操作或交易，毫无疑问也是有风险的。

由于数字货币和区块链是全新的事物，解说起来没那么容易。要想准确地解说，就必须使用专业用语，包括计算机科学和金融领域的概念和术语。因此，要准确地理解这些内容是非常不容易的。

本书尝试在保持准确性的同时，尽量用最低限度的专业概念和用语做解说。即便你完全不具有计算机科学（特别是密码学理论）和金融领域的知识储备，也能够读下去。

本书以问答形式（Q&A）进行解说，你也可以只选读自己关心的事项。

顺便一说，我觉得很多人对数字货币的关注，还是偏向将其作为价格上涨的投资品。而对价格上涨背后的技术革新，则关心甚少。

而重要的部分，恰恰是技术革新。以区块链为代表的新型信息技术，使得通过互联网进行经济价值的传递成为可能，由此开辟出新经济活动的可能。其重要程度，不亚于互联网的诞生。

比特币等数字货币，是区块链应用的一种形态。以此为基础，在全球范围内能够实现几乎零成本的汇兑，世界经济活动的形态会随之发生巨变。

即使数字货币能带来如此巨变，而在许多人的眼里却只是价格的上涨。通过数字货币去催生革新性项目的行动很少，这令人遗憾。当今世界，新兴商业模式正处于历史性的大变局之中。我写作本书，祈愿能改变现状，哪怕只是少许也好。

各章的概要如下：

第1章，对最具代表性的数字货币——比特币进行简要解说。特别是对数字货币和传统的电子现金有何不同做出阐释。另外，也会对比特币的安全性和金融科技等相关的主题予以说明。

第2章，论述在实际买入或使用比特币的时候，需要什么手续。在使用比特币时，有必要对地址和密码进行管理，并对其中需要注意的地方进行说明。此外，也会谈及关于数字货币的课税问题。

第3章，对银行发行的数字货币予以说明。有大型银行计划要发行数字货币，甚至央行也可能会发行数字货币。① 这些事情如果实际发生了，将会引发社会构造的巨变。

第4章，对数字货币的底层技术——区块链予以说明。区块链是记录电子信息的组织结构，关键在于其数据的不可篡改性。

基于此，即使不信任交易对手，组织间也可以通过互联网传递经济价值。本章会对诸如"挖矿"和"工作量证明"等在其他领域所没有（基于对区块链的理解）的概念进行说明。

第5章，对区块链的应用予以列举。区块链在证券、保险和融资等方面，有替代传统金融的可能性。在金融技术革新中，最重要的就是区块链的应用。另外，区块链在金融之外的领域也有广泛应用。作为举例，本章介

---

① 我国的数字人民币就是由中国人民银行发行的数字形式的法定货币。截至 2022 年 12 月 17 日，全国共有 17 个省级行政区全域或部分城市开展数字人民币试点。——编者注

给年轻人的数字经济启蒙

绍了区块链在产品溯源和市场预测等方面的应用。

因此，区块链可以在经济活动中的各方面提升经济效率。

与此同时，也会出现新技术体系和传统社会结构难以整合的一面。首先，区块链给产业结构带来重大变化。在新产业替代传统产业时，或许会产生摩擦。其次，会对人们的工作方式带来重大影响。人们现在所从事的工作，会被新技术替代。这意味着，区块链具有颠覆性，这也是不可否认的。

第6章，列举了区块链的另一个应用领域：共享经济。共享经济虽然发展迅速，但依然是基于诸如优步（Uber）和爱彼迎（Airbnb）这些中介平台而运作的。我认为这些中介平台只是过渡形态，其功能可以被区块链所替代，而成为一种自动化运行的模式。

第7章，介绍物联网（IoT）在区块链的应用。人们在谈及物联网时常说，"所谓 IoT，是指将所有物体都接入互联网"。这样的理解不仅具有经济上的不合理性，也会增大银行的脆弱性。为使具有经济合理性的 IoT 得以普及，区块链的应用是不可或缺的。

第 8 章，对区块链应用的终极组织分布式自治组织（DAO）予以说明。比特币可以被理解为最初的 DAO，今后会有更多诸如此类的自动化企业。如果说人工智能（AI）取代的是从业者，那么 DAO 取代的就是管理者。也就是说，"没有管理者的企业"会出现。

本书的写作和出版，得到了 PHP 研究所书籍制作局的宫胁崇广先生、中村康教先生，以及 PHP 研究所《THE 21》编辑部的吉村健太郎先生的大力支持。在此深表谢意。

目录

—

第 1 章

什么是比特币

1. 比特币的结构

Q 比特币是什么?

所谓比特币,是一种可以在互联网上使用的货币。虽然在使用者看来,比特币与电子现金相似,但实际上两者的运行方式是完全不同的,这一点会在后文解释。

比特币自 2009 年开始发行,发展至今已有很多人在使用。当然,即便在今天还有很多人认为比特币是个怪物,指责比特币是诈骗或泡沫之类的批判声音也不绝于耳。毕竟这是一种此前从未出现过的全新货币,理解起来没那么容易,因此受到批判也是不可避免的。

但是，随着计算机科学的进步，比特币可能会迎来较大的技术革新，而在将来会取得重大发展，这是值得期待的。

另外，有很多与比特币结构相似的货币，也已经被发行，它们与比特币被统称为"数字货币"。

Q 比特币和电子现金的区别是什么？

比特币是与电子现金完全不同的事物。两者最大的区别在于是否有管理者。电子现金有管理者，也有交易中介。也就是说，电子现金是一种以中心化集权方式运行的支付系统。

比如在日本，最为常用的电子现金叫作"西瓜卡"（Suica），由 JR 东日本公司对使用者的卡内金额进行管理。Apple Pay、LINE Pay 和支付宝等也很活跃，但这些都不是数字货币，而是电子现金，它们都是有管理者的。

比特币是没有管理者的，使用者可以直接对信息进行核验并进行支付，以此完成交易。所谓"区块链"，就是记录比特币交易信息的组织结构。关于区块链，会在第4章予以详述，我们先了解区块链没有管理者，而是基于计算机集群而运行的。

除此之外，比特币和电子现金还有以下几点不同：

（1）电子现金不能用于国际贸易，而比特币是世界货币。

（2）电子现金的币值是稳定的，而比特币的价格是变动的。

信用卡也与电子现金相似，但信用卡是基于银行汇款系统而运行的，所以也还是传统的组织结构。

电子现金和信用卡，的确给我们的生活带来了便利，但它们并没有对社会产生颠覆性的重大影响。信用卡经过银行的汇款系统，其使用成本并没有大幅降低。

区块链和数字货币，会一改社会结构而引发重大变化；而电子现金所带来的变化，只是一种过渡形态（见表1-1）。

表 1-1　电子现金与数字货币的区别

	管理主体	流通模式	价格
电子现金	有	一次性使用	固定
比特币	无［点对点（P2P）］	辗转流通	变动
银行发行的数字货币	有	辗转流通	固定

Q 比特币的价格是如何变动的？

比特币，自 2009 年开始运作，在此之后的价格变动，如图 1-1 所示。

2013 年 3 月，塞浦路斯发生了通过比特币进行资本外逃的事件，这一事件引起了广泛关注。在此之后，比特币价格虽然经历下跌，但到了 2015 年还是升至 200 美元。

比特币在 2015 年秋进入上升期，到 12 月时价格超过了 400 美元。趋势性上行到 2016 年仍在持续，并在 2017 年 2 月超过了 1 000 美元。在此之后，比特币价格屡创新高，到 2017 年 11 月上旬时已经接近 7 400 美元了。

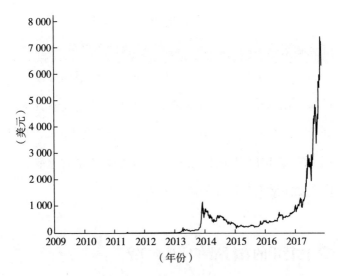

图 1-1 比特币的价格走势

Q 比特币的市值在什么水平?

比特币的总市值,在 2017 年 11 月上旬时,达到 14 万亿日元(约合 1 233 亿美元)。而在 2016 年秋,大概还只有 1 万亿日元,一年间增长了 14 倍。

如果把比特币与日本的上市公司做比较,市值能超过比特币的公司只有丰田汽车(大约 23.4 万亿日元)一家。比特币的市值超过了三菱日联金融集团(约 10.6 万亿日元），比三井住友金融集团（约 6.4 万亿日元）和瑞穗金融集团（约 5.2 万亿日元）的两倍还要多。

当然，如果与传统货币做比较，比特币的规模可以说是无比的小了。就日本的货币来说，即使仅看日本的纸币，其余额也有约 100 万亿日元（准确地说，2017 年 10 月末是 101.5 万亿日元）。而从世界整体来看，数字货币在全体货币中只占很少一部分。

Q 比特币的发行量在什么水平？

比特币自 2009 年公开发行以来，几乎每 10 分钟可以生成一个，但是新增发行量在每 4 年会减半一次。截至 2017 年 10 月末，比特币的存量大约有 1 665 万个，而上限是 2 100 万个，上限在最初就定好了。2140 年左右会达到 2 100 万个比特币，达此规模后便不再新发，数量也就不会再增加了。

如前所述，数字货币并非只有比特币，但其他数字货币的供给机制与比特币并不相同。

也有意见认为，给比特币的供给量设限是有问题的。但即便比特币的供给体系有问题，其他数字货币也可以替代它。市场可以通过数字货币之间的竞争，遴选出具有最优结构的数字货币。因此，我们在做评价时，不能仅看比特币，应着眼于数字货币的整体。

Q 除了比特币，还有什么数字货币？

数字货币并不仅有比特币，每天都在诞生很多种币。截至 2017 年 10 月，世界上的数字货币种类超过了 1 200 种，总市值超过 500 万美元的大约有 300 种。总市值前10 名的数字货币如表 1-2 所示。

表 1-2　数字货币的总市值

排序	名称	总市值（百万美元）
1	比特币	123 307
2	以太币	30 004
3	比特币现金	10 665
4	瑞波币	8 466
5	莱特币	3 403
6	达世币	2 537

排序	名称	总市值（百万美元）
7	小蚁币	2 115
8	新经币	1 834
9	门罗币	1 791
10	埃欧塔	1 525

注：2017年11月9日的数据。

资料来源：加密货币市值（Cryptocurrency Market Capitalizations）。

比特币以外的数字货币被统称为"竞争币"（Alternative Coin，简写为Altcoin）。虽有看法认为这些不过是比特币的翻版而已，但其实它们以不同于比特币的方式在运行。

备受瞩目的数字货币还有以太币和瑞波币。

这些币都有明确的发行主体，在工作原理和发行目的等方面都与比特币存在差异。它们并不是把比特币的区块链照搬来用，而是针对其弱点，完善了相应的功能。

以太币和瑞波币等都不是比特币的简单翻版，而是具有新型结构和功能，被称为"比特币2.0"。

Q 以太币是什么？

以太坊是一个平台，用户可以自定义各式各样的智能合约和应用，并予以执行。

各式各样的合约和业务得以自动执行的构想，在以太坊上渐次登场。其中，包括在第 5 章介绍的预测市场平台 Augur，还有在第 6 章介绍的 La'Zooz、Colony、Slock.it 等应用。

以太币是基于以太坊运行的，并非由管理者运营，所以不会出现系统故障。每隔 12 秒进行一次作业确认。

在以太坊上的交易费或执行智能合约的费用，被称为"手续费"（gas）。手续费是用以太坊体系的货币"以太币"来支付的，这是基于作业量的使用手续费。手续费的价格可由交易的发起方来设定，谁的出价高，谁就可能优先交易。

以太坊，自 2015 年 7 月开始运行其最初版本。以太币市值居于第二位，仅次于比特币，如表 1-2 所示。

Q 瑞波币是什么?

瑞波系统的结构和比特币区块链有很大的不同。

在瑞波系统中，使其重要功能得以奏效的是网关（gateway）。

网关，可以预存日元等现实货币，并发行一种叫作"我欠你"（I Owe You，简写为 IOU）的借据凭证，可用于汇款支付。

比如，A 先生用自己的账户向网关充值了 100 万日元，网关会向其发行相应的 IOU。A 先生可将此 IOU 通过瑞波系统，汇款给 B 先生。B 先生可对网关中的 IOU 发指令，将其兑换为 100 万日元到自己的账户中。由此，A 先生向 B 先生完成 100 万日元的汇款。

在此要注意的是，IOU 的价值依赖于发行它的网关。假如网关出现问题，无法完成兑付的话，它就没有价值了。

另外，瑞波系统内使用的数字货币叫作"瑞波币"。瑞波币的基本功能在于，可用其作为汇款时的手续费。可以说，瑞波币是瑞波系统中的"gas"。瑞波币并没有支付给谁，而是在使用时就减掉了。

瑞波币还具有"过桥货币"的功能。在与一些小币种的 IOU 进行交换的时候，可将瑞波币作为中间媒介来使用。

另外，IOU 也可以与瑞波币做兑换（价格有波动）。

虽然瑞波币和 IOU 的交易也是基于区块链来运行的，但没有引入"工作量证明"（Proof of Work，简写为PoW，参见第 4 章第 1 节），而是基于对认可者的信任而运行。这被称为"一致共识"（consensus）。

如表 1-2 所示，瑞波币的总市值排在比特币、以太币和比特币现金之后的第四位。

2. 比特币安全吗

Q 谁来保证比特币等数字货币的价值呢?

没有人可以保证比特币的价值。但这可不只是比特币要面对的问题。实际上，金钱为何具有价值，一直是个难题。

日本银行券（日本的纸币），现在已不是"兑换银行券"了，所以也是什么价值保证都没有的（兑换银行券，是指在金本位制度下，各国央行所发行的银行券，可以保证与黄金进行兑换）。

当然，日本银行券是作为法定货币的强制货币。这么看来，也不能说其背后没有价值支撑。

但普通人之所以接受日本银行券，是因为他们认为"别人也会接受"。现代社会的货币，之所以是货币，是因为别人认可这是货币。

这意味着，对于"为什么货币可以作为金钱而被接受"这个问题而言，数字货币和现实货币之间并无本质上的差异。这并非数字货币所特有的问题，而是货币的一般性问题。

Q 虽说没有管理者的系统是具有创新性的，但有央行等可信赖的管理者，相比之下是不是更好呢？

央行是否值得信赖我不知道，但毫无疑问它们是管理者。而管理者所处的组织结构决定了事物的效率，这大概是没错的。

问题的重点在于，基本思想是不同的。试想一下政治体制，民主制度效率低，而独裁者做决定的效率更高，几乎马上就能决定。难道会有人就此认为独裁是更好的吗？但就算没效率，也有很多人拒绝。

在经济活动的事业主体中，依民主做决策的十分罕见。最早出现的，就是比特币了。对于有无管理者，哪个更好的问题，实际上是个基本思想的问题。

Q 考虑到发生过 Mt. GOX 交易所的破产事件，还能说比特币没有危险吗？

2014 年，Mt.GOX 交易所发生了比特币被盗事件，该交易所停止了比特币的提币服务，最终走向破产。受此事件影响，新闻媒体做了比特币破产的夸张报道。与此同时，"比特币不是什么正经东西"之类的说法在人群中流传起来。

其实，这是大错特错的。因为 Mt.GOX 交易所不过是将日元和美元兑换为比特币的汇兑场所而已，并没有运营比特币的交易。因此，该交易所破产，并非因为比特币的结构问题。仅一家交易所破产，完全不会动摇对比特币本身的信赖性。

打个比方，这就像日本的一辆运钞车遇袭，车内的现金遭遇抢劫，而人们得出了"日元的系统崩溃了"的结论。运钞车被抢劫，并不会影响大家对日元的信任。

不仅如此。实际上，Mt.GOX 交易所破产事件恰恰证明了比特币的价值。

何出此言？因为小偷不会去偷没有价值的东西。这可以说是小偷界的第一法则。更进一步，还有第二法则，即如果一样东西在被盗后就没用了，小偷也不会去偷。

劫匪之所以去抢劫运钞车，是因为他们认可日元的价值，也确信日元在被盗后不会变得没有价值。比特币也是同样的。如果认为"比特币被盗，就会破产"，那谁也不会去盗了。

事实上，在此之后，比特币的交易进一步扩大了。在数字货币之外，基于区块链的应用也如雨后春笋般出现，各种模式开始运行。

说起数字货币，总给人以负面印象。这是金融科技领域的极大创新，对此需要有正确认识。

3. 无现金社会与金融科技

Q 在日本，无现金化的推行情况如何？

很多国家正在推行无现金化。比如瑞典，由于电子现金的普及，几乎实现了无现金化。中国的无现金化也在急速发展中。

但日本是世界上最不推崇无现金化的国家。

日本人非常喜欢现金。大概是因为日本银行业的自动取款机（ATM）太多了吧。我想，这与银行过于发达有关。

Q 数字货币的架构，能取代当下的金融系统吗？

理论上，比特币等数字货币是有可能取代现今货币制度的。但目前数字货币的普及程度还很低，所以不能这么说。

比特币如果取代了银行存款货币①，就没有人到银行存款了，这会使银行无法进行信用创造（另外，并不只有比特币普及，才会使银行无法进行信用创造，央行发行数字货币时，这种情况更可能会出现。参见第3章）。

货币体系的改革会对社会产生重大影响，但总归还是需要一定时日的。只是如果人们的想法能有所改变，这种改革就可能会在更短的时间内实现。

Q 何为金融科技？

所谓金融科技，是指信息技术在金融服务领域的应用。金融科技的各种领域，如表1-3所示。

金融科技的第一个领域是支付和结算业务。该领域的先驱者是成立于1998年的贝宝（PayPal）公司。它从

①　指能够发挥货币作用的银行存款。存款货币主要是单位、个人在银行账户上的活期存款，主要流转于银行体系内，可用于转账结算。存款货币来自现金货币的存款和银行贷款派生机制。——译者注

事的就是支付业务。人们在网上购物进行支付时，通常使用的工具是信用卡，但信用卡支付会存在一些问题，贝宝就是为解决这些问题而诞生的公司。

这家公司后来被线上拍卖网站亿贝（eBay）所收购，成为其子公司，但是在 2015 年 7 月又独立出来，并公开上市。当时的总市值大约是 520 亿美元。这已经超过了其母公司亿贝的总市值，在日本大约与三井住友金融集团是同一个水平。以此见之，我们认为，不管怎么说金融科技都是重要的存在。

近年来，随着智能手机的普及，各种新服务在智能手机上就可以使用。

首先便是网上支付服务。比如贝宝、Stripe[1] 这样的服务，智能手机使其使用起来更为简便。

其次，在线下实体商店，将信用卡模式予以简单化的服务也是有的。过去，店里要准备好刷卡机，但现在只要用智能手机上的应用程序就可以，如 Square[2]。

---

[1] 一家为公司提供网上支付服务的公司。——译者注

[2] 一家移动支付公司。Square 用户（消费者或商家）利用 Square 提供的移动读卡器，配合智能手机使用，可以在任何 3G 或 Wi-Fi 网络状态下，通过应用程序匹配刷卡消费。——译者注

金融科技的第二个领域是贷款业务。放贷可不经银行而进行，这被称为"社交借贷"（social lending）。

第三个领域是保险。比如说，通过车载传感器，收集每个人的驾驶状态数据，据此计算出每个人的保险费。除此之外，通过对大数据的挖掘，可以创设一些新型的保险。

第四个领域是基于人工智能（AI）和大数据，进行投资顾问业务。

表 1-3　金融科技的各种领域（没有用到区块链技术）

（1）支付和结算 ·网上支付：贝宝为金融科技的始祖，还有 Stripe、SPIKE 等 ·基于智能手机的移动支付，如 Square 等	（2）贷款 　·社交借贷
	（3）保险 　·通过对大数据的挖掘 　　而产生细分保险产品
	（4）基于人工智能 　·投资顾问

○ 就金融科技而言，日本的发展状况如何？

日本和美国在金融科技方面的发展有很大的不同。

在美国，IT 类创业公司是破坏性的创新者，去抢现有金融机构的饭碗。因此金融机构有很强的危机感。

但日本的状况并非如此，而是与之相反。目前在日本的一种趋势是，银行以并购方式将这些创业公司收入囊中。

2016 年 5 月，日本修订《银行法》，以银行为主体的金融机构向 IT 类创业公司的出资条件有所放松。这样银行就不需要同那些外部的创业公司去外接其新技术的开发，而是可以直接收购这些创业公司，将其纳入自己的体系。

如此一来，现有的银行会以对自身最有利的方式，进行技术开发。不过，在技术开发方面，日本恐怕是要落为人后了。

Q 对金融科技的发展来说，重要的是什么？

当今世界正在发生巨变，而日本则处于落后之中。日本之所以没有发展出这些业务，有诸多理由，但最为重要的原因还是在于管制。

我们可以看到，新兴事业的发展因管制而受到了阻挠。即便在技术上可行，但因管制而无法落实的项目并不鲜见。

具体来说，是对特定行业的准入限制。比如在金融服务领域，就有很强的管制。像支付业务和贷款业务，在过去是只有银行才能做的事情。但想要拿到银行的经营许可是相当困难的。即使有新技术被开发出来，往往也达不到业务应用状态。

这些管制后来放松了一些。比如支付，即使是银行之外的行业主体，也可以做了。同样，贷款业务也允许非银行类机构来参与。

但这些多是形式上的放松。要想实质参与，也未必那么简单。比如说，对于支付业务的从业者，想要做支付业务，必须去金融厅注册。但是为了能去注册，得满足各式各样的条件。即便取得了注册认可，在实际的业务操作中，也要承担"本人确认"的责任，受到了很大的制约。

实质性的放松管制，才是真正重要的。

Q 推广数字货币会产生什么问题？

第一个问题与税收有关。因为数字货币具有匿名性，有可能无法获知交易的发生。因此，数字货币的交易扩大会带来征税困难的风险。

第二个问题是资本出逃。国民如果对本国货币的未来失去信任，就可能先买入比特币，再换成美元等其他币种。

这个问题已不单是理论层面的探讨，在现实中已经发生了。2013 年 3 月，塞浦路斯发生了利用比特币进行资本外逃的事件。这是事关国之存立的重大威胁。

4. 比特币的分叉纷争

Q 比特币，由谁在运营呢？

比特币，有以下一些关联群体。

第一类是核心开发者。他们在写比特币的协议（为处理比特币交易的计算机程序）。他们是志愿来做这项工作的，却是比特币的核心圈层。但是，因为还有其他的关联群体，所以比特币并非全部以他们的想法来运作。

第二类是交易所。这是把比特币兑换为日元或美元等现实货币的地方，交易所会收取手续费。

第三类是矿工（miner）。他们承担了把比特币的交易，记录到区块链上的功能（具体参见第 4 章）。他们做的工作也被称为"挖矿",并因此获得一定的报酬。挖矿的成败,在很大程度上取决于一种叫作"哈希算力"(hash power)的计算能力。

任何事业,总归会有各式各样的群体相关联。他们也被称为"相关利益者"。而且,他们的利益诉求也有不一致的时候。如遇此情况,股份公司等组织会有最终的决策机构予以决策。

但在比特币中,并非强制解决各群体意见的分歧,而是形成一套民主的决策系统。所以,决策往往是非常难以做出的。

这并不是说比特币有结构上的缺陷。而是这种基于与传统组织相异的原理所运行的事业,不得不直面的一些考验。

与比特币原理相似,基于区块链技术而自动化运行的事业,在今后会有所增加。所以比特币能否解决这个问题,也是备受瞩目的。

Q 比特币目前的问题是什么?

比特币现在的问题是处理速度比较慢。比特币的交易速度与信用卡相比是非常慢的。在目前模式不变的情况下，如果交易量增加，恐怕会出现迟迟无法确认交易的状况。

因为有此问题，关于比特币的扩容以及功能的提升，从数年前便开始成为受关注的话题。这被称作"比特币的可扩展性"，针对此话题人们也提出了许多方案。

但关于如何扩展的问题，比特币的关联人群尚未达成共识。

☿ 针对比特币的问题，有哪些改善建议？

建议主要有两个。

一个建议是扩充区块的容量。这里说的"区块"，我们可以理解是每 10 分钟对比特币的交易记录予以收纳的盒子。目前，比特币中一个区块的容量大约在 1 兆字节（MB），有提议将其扩展为 2 兆字节、8 兆字节或 16 兆字节。

这种建议对于矿工来说是有利的。因为区块变大，就能处理更多的交易，手续费的收入也随之提高。

但是，核心开发者并不认同这种扩容方式。如果区块的容量变大，那就需要更高性能的计算机才能处理。矿工挖矿，目前已经被几个集群所垄断。区块容量扩大，会使得这种状况加剧。这并非核心开发者所愿，所以还在考虑其他的改良方式。

第二个建议是由核心开发者所提出的，即保持区块容量不变而进行数据压缩，使区块的可写入量变多。这种方法被称为"隔离见证"（SegWit）。

隔离见证是一种出色的方法，也可用于比特币的微支付（小额支付）。因此核心开发者和交易所等对此方向寄予厚望。

但矿工对此就不太欢迎了。有些矿工发明了高效的挖矿机器，使用这些矿机就可以赚钱，如果引入隔离见证，这些矿机的用处就不大了。而隔离见证，也正是抱此意图而提出的。核心开发者要应用隔离见证，而矿工反对，两者的利益是对立的。

此后数年间，虽有各式各样的商讨，但并未达成共识。

核心开发者在情急之下，决定如果至 2017 年 7 月

31 日还没达成共识的话，便强制应用隔离见证。对未采用隔离见证的区块，交易所将不做认可。这个计划是，矿工如果不去做与隔离见证相对应的挖矿，就无法取得交易所的认可，所以他们只能自发地去做隔离见证。

对此，矿工提出了"隔离见证2X"（SegWit2X）方案。这种方案指出，可以应用隔离见证，但区块容量也要倍增扩张。最终隔离见证2X方案被采纳，但后来还是暂停下来了。

比特币在 2017 年 8 月 1 日开始分叉，新型数字货币——比特币现金（BCC）诞生了。

此外在 2017 年 10 月，"比特币上帝"（Bitcoin God）也从比特币的分叉中诞生。

Q 比特币为什么会产生分叉？

前述问题，是对比特币结构的意见不合而导致的。为什么会如此难以达成共识？在传统的组织结构中是不可能出现这种情况的。

即便在股份公司等主体中，也会有利害相异的利益相关方，但是总有解决这种对立问题的机构。比如，在股份公司发生了这种问题时，最终总是有决策机构的。传统组织实际是以中心集权方式来解决问题的，但比特币的组织结构不是这样的，只能以共识来做决策，这是划时代的。

这正是比特币与现实货币的不同之处，其没有单一的管理者，而是基于对交易信息进行分布式管理的区块链技术，以共识的方式运行。

Q 据说比特币分叉，能免费得到新币，是真的吗？

如果比特币分叉，且交易所和电子钱包也认可从中所产生的新币，那么在分叉前的持币者将自动获得与原币同等单位的新币。

因此有不少人会认为："什么也没干就能得到新币，真是赚了。"但其实并非如此。他们所持的货币数量确实是增加了，但这不意味着其所持资产的价值就必然会增加。

从理论上讲，如果其他状况均无变化，新币与比特币的总市值合计，和原来相比应该是没有变化的。因此比特币的市值应该减少，减的部分正是其分叉出的新币市值。

但进一步说，2017年8月比特币现金被分叉而出之际，比特币的总市值不仅没下降，反而有所增加。这大概是因为，人们对比特币的成长更为期许，所以与前述理论相背。

Q 比特币的未来会如何演化？

比特币在应用隔离见证后，可以处理的交易量大约会增加两倍。但是，就算把处理量增加了两倍，在容量上总归还是有限制的。

针对比特币的容量问题，有"微支付通道"（micro payment channel）和"闪电网络"（lighting network）等架构方案。基于这些架构，可在买卖双方之间建立交易支付通道，向区块链上传的仅为最终确定的交易信息，而对于其间的交易过程不上链。这样可在无须手续费的情况下瞬间完成交易。

在此交易架构之下，无须对交易对手有所信任，也无须经由可信的第三方中介，即可安全且低成本地完成支付。

以此架构为基础，即使每秒做一次 1/100 日元这样小额的高频交易，也是可以做到的。因此比特币的用户数量可能会大大增加。应用隔离见证，也是实现上述小额高频交易的一种方式，不管怎么说，都很有必要。

第 2 章

比特币的实际使用

1. 比特币有什么优势

Q 为什么要用比特币？使用比特币有什么好处？

基于比特币的汇款，相较于现行的银行系统，在手续费、耗时性和即时性等方面均具有优势。

虽说比特币汇款的成本也并非为零，但是与传统的方式相比，交易成本是有所降低的。特别是向海外的汇款，其成本更是大幅下降。

而且，以零成本进行比特币汇款的服务也是有的。

有种批评是，以比特币作为结算方式的问题在于其价格变动的剧烈性。为应对此问题，也有一些将比特币直接转换为日元等现实货币的服务。

2017 年 4 月起，日本对《资金结算法》予以修订并实施，数字货币作为正式的支付方式得到了认可。人们对数字货币的广泛使用充满期待。

必客家美乐（Bic Camera）[①] 在 2017 年 4 月，接受了以比特币作为支付方式。通过比特币支付的金额在 10 万日元以内的，还可以将支付额的 10% 返给顾客。销售员向顾客提供含有必客家美乐的比特币地址的二维码，顾客即可用比特币钱包的应用程序进行扫描，将比特币发送过去。

Recruit Lifestyle 也宣布旗下的 26 万家店铺，能使用比特币来结算。

Q 用比特币汇款，都有哪些成本？

比特币的汇款成本，一方面是比特币本身的汇款成本，另一方面是现实货币兑换时所产生的汇兑损益。

因为这是两种不同性质的成本，有必要区别看待。

---

① 日本知名的综合购物中心，以贩卖各式电器为特色。——译者注

后者在于，因为比特币价格变动剧烈，汇兑会随时变化而产生较大的损益。其实在进行海外汇款时，也会存在相应的汇率问题。

比特币的汇款手续费虽然很低，但也不是零。

比特币系统是不存在中央管理者的，为什么还有手续费的产生呢？

这是因为，要支付手续费给那些做比特币交易记录工作的矿工。矿工挖矿，也是有电费成本的。不管怎样，他们的工作总归是有报酬的。作为报酬，他们可获得新发行的比特币和手续费。

当然，使用者自身也可以对手续费做选择。选择手续费高的，交易的优先度就会提升，可以很快完成交易。

交易所和比特币钱包，会向使用者收取手续费，这是支付给区块链运营者的。这一点后文会展开讲解。

◎ 使用比特币，有手续费吗？

在 2017 年 7 月 1 日后，日本政府不再征收数字货币交易的消费税。现在，通过交易所买入比特币的手续费，在很多地方都几乎为零，而比特币的汇款成本也很低，所以，仅就比特币的转账而言，成本是很低的。

而且，一年365天，一天24小时，随时都可以汇款。

另外，使用者还可以通过比特币，持有美元。在日本有很多交易所，可以提供包括比特币在内的多种数字货币与日元的兑换。在一些交易所中，还可以用比特币来买入外币。

Q 比特币的手续费有多少？

实际收取的手续费，在不同的交易所会有一些差异。

比如，在 bitFlyer 交易平台上，手续费是 0.000 4 个比特币。2017年11月上旬的比特币价格，1个比特币大约是85万日元，因此手续费相当于340日元左右。[①]

比特币买入和卖出的最小单位是 0.000 000 01 比特币（=1Satoshi[②]，这是比特币的最小交易单位）。

---

① 2023年1月，1个比特币大约是260万日元。——编者注

② Satoshi 的日文含义为"聪"，以其发明者中本聪（Satoshi Nakamoto）的名字命名。——译者注

将比特币的手续费和银行的手续费情况做下比较。

三菱东京 UFJ 银行的汇款手续费（个人用银行卡在自动存取款机上转账的情况），如表 2–1 所示。

表 2–1　银行汇款手续费

汇款金额	本行内的同一支行	本行内的其他支行	其他银行
少于 3 万日元	免费	108 日元	270 日元
3 万日元以上	免费	108 日元	432 日元

因为比特币的价格在 2017 年急速上升，所以将比特币的汇款手续费换算为日元以后，就意味着大幅涨价了。比特币"低手续费汇款"的魅力，也有所折损，这一点不可否认。

只是对于汇款金额在 3 万日元以上的情况，比特币还是有优势的。还有，在海外汇款时，比特币的优势依然不可动摇。

更进一步说，第 1 章最后部分所介绍的"微支付"服务如能有所扩充，比特币的手续费降至零或接近于零的水平，还是可期的。

对银行而言，汇款服务是一块很大的收入来源，但从潜在可能性来说，这已经是不再需要的服务了。特别是在海外汇款的相关方面。从银行看来，实际上这是一个很大的问题。银行系统要建立自己的数字货币，当然也是不得已而为之了。

因为日本的银行系统已经很完善了，所以对汇款系统做进一步效率提升的需求比较弱。但是从全世界来看，有很多欠发达的地区，在这些地方，比特币的可应用之处，就更为广泛了。

Q 将比特币兑换为日元，成本大概是多少？

将比特币作为结算方式的问题，在于其价格的变动幅度很大。为了应对这个问题，有机构提供兑换服务，一收到比特币，就可以直接兑换为日元。

但是，这样一来，就会有成本。以 bitFlyer 平台为例，将比特币兑换为日元后，从注册账户取款的手续费，如下所示：

- 3 万日元以内的，216 日元；3 万日元以上的，432 日元（出款机构为三井住友银行的情况）。
- 3 万日元以内的，540 日元；3 万日元以上的，756 日元（出款机构为三井住友银行以外的情况）。

另外，比特币在结算时的评估价，取值为其在 bitFlyer 平台上的买入价和卖出价的中间值，因此一收到比特币就马上换为日元的话，产生的损失仅为评估价和买入价的差额部分。

Coincheck 面向电子商务企业，提供比特币结算和支付服务。用户用比特币购买商品时，可通过 Coincheck 将比特币自动换为日元，在扣取 1% 的结算手续费后，汇入商家的银行账户。

必客家美乐的电子商务网站用的是由 bitFlyer 开发的比特币支付服务系统——bitWire SHOP 2.1，商家支付的结算手续费，据称为其营业额的 1%。

Q 为什么比特币应用的广泛度还没有达到现金或信用卡的程度？

货币这个东西，用的人越多，就越好用。这也被称为"网络效应"。

比特币的应用，为什么还没有达到现金或信用卡这般的广泛度，只是因为其他人还没有用起来而已。反过来说，网络效应一旦产生，就会得到更为广泛的应用。

目前，在日本接受比特币支付的商家还不多。但我认为在无法使用信用卡的那些零散的中小商家中，接受比特币支付的可能性是很高的。接受比特币支付的商家数，在超过一定的阈值时，以比特币进行的支付就会急速普及开来。

Q 持有比特币，还能获得价格上涨带来的收益吧？

在日本买入数字货币的，几乎都抱有价格会上涨的预期。

比特币作为汇款工具而言是有优势的，但作为资产配置的工具来说，还是有很多问题。

数字货币的价格变动十分剧烈，我们应该知道其会有价格暴跌的风险。因此，如以巨额资金来持有比特币，风险也是随之而来的。

比特币的初始功能，就是汇款。而以资产配置为目的的持有，会遇到一些问题，需要谨慎。

此外，因为比特币的技术不够完美，用不惯的人会有因操作失误而致使资金损失的风险。再就是比特币持有者的电脑、智能手机，甚至是交易所，都有被黑客攻击的风险。从上述问题来看，以巨额资金投入数字货币，风险极大。

如果数字货币的价格暴跌，可能许多人对数字货币的热情一下子就冷却下来了。2014 年前后就发生了这种情况，那时的比特币是作为危险的、奇怪可疑的东西而被避而远之的。

这种情况会使"网络效应"反向收缩，进而导致以比特币进行支付和汇款的行为也停滞下来。而此类事情一旦发生，就是非常危险的。

○ 通过数字货币，人们作为自由职业者进行工作是可能的吗？

通过使用比特币等数字货币，可以实现低成本的汇款。更进一步，如果"微支付"得以推行，就可实现几乎零成本的汇款。这是之前没有过的，而如今成为可能。借此优势，很多个体可以作为自由职业者取得相应的收入。

首先可以应用于交易手续费几乎为零的交易。

我们生活在一个手续费的世界。股票也好，外汇也好，只要有收益空间，就会有大量中介机构参与其中。但是，在使用数字货币的逻辑下，这个条件就发生了重大变化。

虽说比特币的手续费不高，但在当前的组织结构之下，还没有达到零手续费的水平。另外，也无法做到即时结算的程度。但为弥补上述缺陷而衍生的相关服务体系已经出现。

通过这些服务体系，比特币和美元几乎可以实现零成本的、即时性的兑换。这样就使那些过去无法实现的交易成为可能。不仅是金融产品，人们也可以将在国外购物网站上买的东西在本国进行销售。

其次可以应用于销售端。

目前，商家只能在亚马逊、乐天等平台上卖货，被收取了相当高的店铺费。但如果数字货币被广泛使用，他们完全可以在自己的网站上销售商品。

特别是那些信息或知识类的商品，因为不需要物流，在一些中小电商平台上就可以完成结算。专业信息服务、咨询顾问等业务也有应用数字货币的可能。

这么说来，作为自由职业者就有机会获得收入。

对在公司里工作的上班族来说，可能不会一下子就转变过来。但从最近的情况看，认可兼职的公司越来越多。一边在公司上班，一边干点前述的副业，是完全可能的。

都在说"劳动机制改革"的话题，但只要是在组织内工作，就不太可能改变现状。自由职业者是劳动机制改革的一个方向。

Q 在国际结算中也可以使用比特币吗？

要说汇款成本低，最能发挥效应的地方，还是在国际结算方面。

虽说现在银行系统也可以提供国际汇款服务，但是对于个人的小额汇款来说，其成本是非常高的。在这种情况下，国外工作的人在向本国汇款时，就会有很大的问题。

如果发展中国家和发达国家的汇款成本低，不仅便于发展中国家的人员出国务工，而且有助于发达国家对业务进行外包。比如日本的企业，可以把一部分业务外包给亚洲的新兴国家，然后用比特币进行汇款。

目前，上述合作只是具有潜在的可能性，因为汇款成本高，在现实中还不能实现。建立这种低成本的汇款系统，无论是对日本还是对新兴国家，都有极为重要的意义。

很多发展中国家的银行网点并不是非常完善。因此，包括比特币在内的新型汇款方式，具有广泛应用的可能性。

比传统方式成本更低的比特币支付服务，已经登上了舞台。

Q 在国际结算中，都有哪些与比特币相关的服务？

比如，有种叫作"Hellobit"的服务。一般认为，它特别适用于从美国向菲律宾的汇款。因为菲律宾普遍使用英语，所以当地从事美国企业外包业务的机构很多。

美国企业开展外包业务时，目前受制于有效的汇款方式。但通过使用"Hellobit"，即使在没有银行网点的菲律宾乡间，从美国向菲律宾用比特币汇款，也有菲律宾的中介机构可以接收。进而，再由中介机构向务工者支付菲律宾比索。最终收到劳务报酬的务工者，可能连比特币是什么都不知道呢。

还有一个叫作"Bitwage"的平台。美国企业向菲律宾开展外包业务时，支付工资用比特币，而菲律宾的务工者收款时获得的是菲律宾比索。Bitwage 即可实现上述安排的平台。

在这个平台上，美国企业并非以比特币来支付报酬，而是向 Bitwage 账户里支付美元。然后 Bitwage 再以比特币进行汇款。而支付给菲律宾的务工者时，再转换为菲律宾比索。这一连串的程序，都是自动完成的。

　　此类程序，即从美元到比特币，再从比特币到当地货币，正逐步完善。

2. 比特币的买入与管理

Q 怎样买入比特币?

一般而言, 可以在交易所买入比特币。在网上打开交易所网站, 输入需个人确认的信息, 从银行账户支付后, 就买到比特币了。比特币的余额情况, 被记录于在交易所开设的账户中。

存入比特币的账户, 和银行账户的模式一样, 既可以向他人的账户汇入比特币, 也可以用于接收比特币。

只是在这种情况下, 买入的比特币是由交易所来管理的。从交易所进行划转, 只需开户密码, 对比特币进行实际保管的机构是交易所。而买入比特币的个人, 并不能直接保管比特币。将比特币原封不动地放置在交易所平台，就相当于存在了交易所。假如交易所被黑客攻击或破产倒闭的话，就有资产损失的风险。

2014 年的 Mt. GOX 交易所破产，就是这种情况，导致交易所的比特币损失。

Q 如何用钱包管理比特币？

为了顺利进行比特币的汇出或接收，需要有私人的钱包。钱包可以用于比特币的接收、保管和支付。开设钱包的程序非常简单。有很多网站都提供比特币钱包的开设服务。不管哪家，提供的服务都大同小异。

Q 比特币地址与钱包 ID 有何不同？

在比特币交易时，会用到比特币地址和钱包 ID 两个概念，两者从外观来看非常相似。但如下文所述，两者是完全不同的东西，交易时务必要注意。

（1）比特币地址：有点类似于银行账户里的银行账

号，由一串英文和数字构成。

需要往账户里汇入比特币的话，就把这个地址告诉对方。比特币地址，是可以对外公开的地址。

另外，可以将比特币的地址信息制成二维码，通过二维码也可实现同样的功能。

（2）钱包 ID（比特币钱包的识别名，或者说注册 ID）：这是在登录比特币钱包时用的 ID，与密码一同使用。钱包 ID，需要严格管理，不能让他人使用。这些信息一旦被人知道，钱包里的比特币就有失窃风险。因此，需要另外做好记录。

正因为非常重要，所以要意识到这是不能公开的信息，而大家对这点的认知还不够充分。

以上所讲的概念，是通过被称为"公钥"和"私钥"的东西而生成的。不过，即便不理解公钥和私钥的原理，也是可以进行交易的。

Q 把二维码公布在网页上，就能收到比特币吗？

把含有比特币地址信息的二维码公布在网站或博客

上，是可以收到别人汇入的比特币的。只是还需要注意一下安全问题。

比特币的交易，完全是记录在区块链中的。也就是说，交易信息向全世界公开。因此，为了保护好隐私，建议要时不时地更换一下收款的钱包地址。

但是，在网站或博客上公布地址的话，就相当于把钱包地址固定下来了。而如果公布了固定地址，其他人就可以搜索到相应的历史记录。

解决上述问题的一个方法是，对业务收款用的地址每次都做更换，与公布在网站或博客上的固定地址分离。钱包可以生成多个地址，也能生成固定地址。

Q 数字货币为何也被称为"加密货币"？如果对加密理论一无所知，还能使用数字货币吗？

在数字货币进行汇款的通信中，采用一种叫作"公钥加密"的密码学手段进行保护。

原本的结构是这样的：数字货币的持有者拥有密钥（数字和记号的组合），并以此来传送加密数据。也就是说，在进行数字货币的汇款时，要求知道密钥的信息。因此，持有者需要做好密钥管理。

尽管密钥是不能泄露给他人的，但是因失误而发送给他人的情况屡见不鲜。这时候，其所持的数字货币就有失窃风险。另外，如果密钥丢了，就无法进行汇款或接收了。而且，目前还没有针对这种事故的补救措施。就算把密钥放在电脑里保存，也还是有被黑客攻击的风险。

如此说来，对于密钥的处理是很难的，所以通常会使用钱包提供的服务代为管理。这样即使不知道密码学理论，也能够使用比特币等数字货币。但对于钱包 ID 的处理，也需要谨慎。

Q 比特币的匿名性是什么意思？

区块链的交易信息，会实时向全世界公开。但是，交易者并不知道各自的私人姓名，只是以加密信息来识别而已。至于某个加密地址是谁所有的，别人并不知道。

因此，对比特币交易进行课税是比较难的。但是，难以课税的问题也并非肇始于比特币。现金也是一样的。

一般来说，以现金做交易的商品买卖都是难以追踪的。与比特币的问题是相同的。

比特币的匿名性，也被称为"拟匿名性"。硬要去追踪的话，有时也是可以做到的。比如，FBI（美国联邦调查局）针对比特币相关的非法市场交易，会通过内线追查将其揭露出来。

不过，数字货币还是增加了交易追踪的难度。这意味着，数字货币对监管提出了挑战。

Q 对互联网不怎么了解也能使用数字货币吗？

比特币等数字货币的使用，并不需要精通关于互联网的知识。

只是由于交易通过互联网进行，因此还是需要有能力使用互联网的。

对于不习惯上网的人，比特币的操作就没那么简单了。因此也有依赖于他人，来代行操作手续的。

但是，从未经注册的交易人员那里买入比特币，是有风险的。可能被卷入欺诈案件，也可能被收取很高的手续费。

使用互联网，并不需要多少知识。无论是谁，只要想去用，都是可以学会最基本的使用方法的。

Q 使用数字货币从事经济活动并获取收益，需要缴税吗？

通常还是要缴税的。

日本国税厅在"税务答疑"第 1524 条"通过使用比特币获取利益时的课税关系"（2017 年 4 月 1 日）中，是这么表述的：

> 比特币，可以用于购买物品，对该等比特币的使用而获取的收益，是所得税的课税对象。基于该等比特币的使用而产生的损益（以比特币同本国币值或外国币值的相对关系为依据的损益认定），除却那些带有行业经营性质所得的各种收入的情况，原则上被认定为其他收入。

比如，经营餐饮店的老板用比特币结算时，应按企业所得来缴税。

还有，用比特币买入其他数字货币，在价格上涨并获益后再换回比特币，虽然持有的还是比特币，但是其持有的比特币以日元计价，较之购入当初的市值，有所增加。在这种情况下，差额部分可作为其他收入来考量。

用数字货币作为结算方式来买卖商品时，消费税的课税是理所当然的。如果不这样安排的话，以比特币进行的交易和以日元进行的交易之间，就会产生不平衡。

还有个问题，税务答疑中只对比特币做了限定。应当扩展到更为一般性的"数字货币"范畴。

Q 以数字货币作为遗产进行受让，要缴遗产税吗？

根据日本《遗产税法》，在归属于被继承人的遗产中，只要是能以金钱计量的经济价值，全部都是课税对象。因此，数字货币当然也包含在内。

但也存在一些问题。第一，如何进行估值。比如对股票的估值，有一套专门的估值方法，可以予以参照。但是，数字货币还没有出台这样的估值方法，因此遗产税税额的计算并非易事。

　　第二，如果没有将钱包的密码或密钥告知于继承人，那么对继承人来说，这相当于是把数字货币给弄丢了。这里的数字货币，还能说具有经济上的价值性吗？这是需要进一步讨论的。

第 3 章

银行发行的数字货币

1. 大型银行发行的数字货币

Q 听说有大型银行要发行数字货币，是真的吗？

我们已经清楚，与比特币类似形态的数字货币结构，是可以顺利运转起来的。

因此，各式各样的数字货币被开发出来（见表 3–1）。

首先，大型银行有独立发行数字货币的计划。

在日本，三菱东京 UFJ 银行，想借用区块链技术发行 "MUFG 币"（据报道，最初想在 2017 年年中发行，但后来延期了）。

据当时的报道，2017 年 5 月，三菱东京 UFJ 银行会先从 200 个管理层人员开始试用，并在年内扩展到 2.7

万名全体员工，起初用于汇款或银行内部便利店支付，并计划在 2018 年春开始面向普通用户发行。

三菱东京 UFJ 银行的数字货币，作为银行发行的大众化数字货币，很可能成为全世界的首例。如果能够广泛推行，会极大地改变日本的货币体系乃至全球的金融格局。

其他许多银行也在研讨中。三井住友银行也有计划发行数字货币。瑞穗银行准备发行一种叫作"J-Coin"的数字货币。

如果有很多人都使用数字货币，那不仅在货币和金融领域，整个经济活动都会受到影响。

另外，以银行业务系统为基础的结算体系能否适用于数字货币，也会进行实证检验。负利率等情况会压减银行的收益，所以如何引入新的技术来降低成本，是银行要面对的紧急课题。

表 3–1　3 种类别的数字货币

1	比特币	分布式，无管理者的货币
2	大型银行的数字货币	货币自由化的代表
3	央行的数字货币	银行会消亡吗

Q 银行会发行与比特币完全相同的数字货币吗？

不会完全相同，有两点差异：采取固定价格制，银行作为管理者存在。

银行发行的数字货币存在管理者，而且价格也是固定的，这与电子现金很类似。

关于管理者的问题，在后文中会说明，在此我们先看一下固定价格制吧。

目前，以数字货币作为汇款工具会有 3 个问题：

第一，价格剧烈波动。第二，与现实货币兑换时会产生损失。第三，结算的确认需要大约 10 分钟的时间。大型银行发行的数字货币，着眼于解决这些问题。

其中尤为重要的是，与日元的汇率要保持恒定。这是对汇款工具的重要要求。

数字货币作为汇款工具，不具备投资或投机的条件。但很多时候，比特币就是作为投机或投资工具而被买入的，这并非数字货币的发行初衷。可以说，大型银行所发行的数字货币，重视的是其作为汇款方式这一方面。

Q 大型银行为什么要发行数字货币呢?

原因在于，它们不可能将比特币等数字货币排挤出去。

虽然一开始日本政府并没有承认数字货币的货币地位，但是 2016 年 3 月的内阁会议改变了这一方针，认可了数字货币的地位。

数字货币作为支付和结算工具获得了认可，预计今后的使用会有所增加。

个人或企业如果广泛使用数字货币交易，就会绕开银行系统而去更多地使用其他支付系统。于是，银行开展了独自发行数字货币的行动，以此作为对抗。

更进一步说，数字货币是银行降低汇款成本的有效手段。在对冲负利率等因素对银行收益的压减方面，数字货币是极为有效的手段。

Q 银行发行的数字货币, 会得到广泛使用吗?

比特币等数字货币，因其价格存在波动，很多人是为了增值而持有。除了用于交易，还有动力去持有比特币。

不过在大型银行发行数字货币的情况下，因为价格是固定的，持币没有意义，而是回归最初的汇款功能。

数字货币的成败关键在于以下几个要点。

一是可以在多大范围内使用。

如果仅在朋友和同事间，用于类似 AA 制（人均分摊费用）场景的话，意义不大。能够在各式各样的交易场景间作为支付手段来使用，才具有较高的使用价值。

二是交易成本的多少。关于这点，可以从几个方面来看。

一方面是从现实货币转换为数字货币的成本。目前，只要在比特币交易所指定的银行存入资金，以此买入比特币的手续费为零。

对于 MUFG 币，用三菱东京 UFJ 银行账户的存款来买入，应该也会设定为零手续费的。

不过因为比特币的价格波动剧烈，有些人在收到比特币后，会直接申请换为现实货币。但 MUFG 币的价格不会变化，所以即便是持有不动也不会有损失风险。不需要与现实货币转换，对于汇款工具来说，是个很强的优势。

另一方面是汇款的成本。目前，在同一个交易所的不同账户间的比特币汇款，是没有手续费的。对于MUFG币，如果是在MUFG钱包（数字货币的账户）间进行汇款，应该也会设定为零手续费的。

不过，为了避免大量汇款申请的攻势，收取少许手续费的可能性也是有的。

三是其他银行也发行数字货币。如果仅仅是在MUFG钱包间汇款，其应用价值当然就没那么大了。所以需要其他银行也发行数字货币，不同银行间都可以汇款才行。

Q 不同的银行发行数字货币，会有什么问题？在固定价格制下，会出现什么问题？

按目前设想而采取固定价格制，要用到日本银行的金融网络系统（日银网络）。这个结构跟现在的银行间结算机制是一样的，需要在银行间移动资金。

为什么是这样，会在后文说明，先看下目前银行间账户是如何进行资金移动的吧。

比如，有 A 银行和 B 银行两家银行，有人会从 A 银行向 B 银行汇款，当然也会有很多反向操作。此时，A 银行的存款余额会减少，而 B 银行的存款余额会增加。

这其实是通过 A 银行在央行所持的账户余额减少，以及 B 银行在央行所持的账户余额增加，来实现的。此类交易，正是基于日本银行所运行的日银网络才能完成。

大型银行发行数字货币，以 MUFG 币为例，价格可以固定为 1 MUFG 币＝ 1 日元。但在具体的运作上就没这么简单了。

例如，A 银行和 B 银行的数字货币之间要竞争，那么不同货币就可能会产生不同的价值。如果价格没有调整，就会出现类似于国际收支中的经常性收支盈余或赤字，因此在运营层面必须实现账户的平衡。

那么在 A 银行和 B 银行之间进行的结算，就不得不用到现有的日本银行结算系统，即日银网络。这和现在的结构相比，没有太大的变化。

这意味着，与其说是制造了具有革命性的"数字货币"，不如说更接近于目前的"电子现金"了。

Q 如果是变动价格制，能规避问题吗？

如前所述，在固定价格制下，会出现一种情况，即对 B 银行的数字货币需求大于 A 银行。这个时候，就需要资金在银行间进行移动，不得不依赖于日银网络。

但如果是变动价格制，理论上市场可以通过对价格的调节，达到对 A 银行的数字货币需求和对 B 银行的数字货币需求的平衡。因此，就不需要让资金在银行间进行移动了。

这与外汇交易的情况是一样的。不妨设想一下固定汇率制下的日本和美国，在经常性收支方面，日本对美国如果是盈余的话，那么在资本收支方面就需要从美国向日本进行资金移动。但在变动汇率制下，理论上可以规避这个问题。日本的盈余如果变大的话，日元升值就可以让贸易盈余缩小了。

不同银行的数字货币也是在交易所流通的，这与国际汇率的变动汇率制是一样的，可以考虑以变动价格进行交易。

这与比特币同其他数字货币间的交易也是一样的。

如果是这样，就没有必要依赖于日银网络的银行间划转系统了，只在数字货币的世界中进行交易就可以。如此，手续费也会降下来。

此外，在大型银行发行数字货币，即使允许价格变动，相对价格也不会有特别大的波动。

但是，数字货币与日元之间的价格可能会有很大的波动。这主要与大型银行的数字货币供给计划相关，因此有可能需要通过调节货币供应来平抑价格的波动。

2. 央行也有发行数字货币的可能性

Q 随着数字货币的推广，央行是如何应对的？

央行发行数字货币的场景也是存在的。

各国的央行，已经在研究如何应用区块链技术来独立发行数字货币了。

据报道，瑞典计划推出数字货币"e-Krona"（e 克朗）。如果实现，那么没有银行账户的人也能进行电子结算了。

澳大利亚也在推进数字货币"澳币"的计划。

英格兰银行、中国人民银行，以及荷兰和加拿大的央行，都在积极开展关于数字货币的研究。

Q 为什么央行要发行数字货币？

如果比特币等数字货币的应用范围扩大，对央行发行的货币及其结算系统的使用需求就会下降，进一步会影响到金融政策的有效性。央行要避免出现此类情况。

另外，大型银行发行数字货币，如果是与其他银行的数字货币以变动价格进行兑换，那就相当于建立了一套独立于日银网络的结算系统。也就是说，银行间的货币交易游离于央行的体系之外了。

这类数字货币开始推广普及的话，日本银行的金融政策就无法有效实施了。

而且有人提出，可以在日本国内发行一种与美元价值挂钩的数字货币。

如果是这样，就相当于在日本国内建立了美元经济圈，会对日本金融政策的实施造成巨大的压力。日本央行如果实施宽松的金融政策，会使得日元价值降低，资金就会从日元逃出，而流向与美元挂钩的数字货币。这就导致金融政策的干预失灵。

Q 央行发行的数字货币，如果能被广泛使用，会产生哪些变化？

如果央行发行数字货币，大概就"一统天下"了。比特币或大型银行的数字货币会无人问津，世界上只剩下央行的数字货币了。

之所以这么说，是因为网络效应最强的还是央行。在央行发行数字货币的情形下，会被视作法定货币，因此带有极强的流通性。

如果人人都有央行的钱包（账户），那么公司要发工资，就可以直接以央行的数字货币形式汇入钱包。

目前，如果没有在银行开户，领工资都没有可接收的渠道，所以大家都要在银行开户。也就是说，大家在银行开户，很大程度上是用于汇款和收款的。但是，如果央行发行了数字货币，就不需要在其他银行开户了。

这样所有经济活动中的交易，都可以用央行的数字货币来进行。

对于消费者来说，最大的好处是手续费的大幅降低。现在向他行账户汇款的手续费是很高的，但由于央行在国内是统一的网络系统，手续费可以接近于零。

Q 央行发行数字货币对银行业务会产生什么影响？

央行如果发行数字货币，全体国民和企业都会在央行开户，使用央行发行的数字货币。

如果个人或企业在银行的存款可以很容易地转换为央行的数字货币，那么民间银行的资金会流出，其遭受挤兑的风险就增加了。

总之，银行存款有可能会减少。但如果银行没了存款，就无法进行信用创造，银行会受到重大影响。

此外，银行也无法通过贷款业务，来监控企业的经营了。

可以说，这个问题也是央行在发行数字货币时面临的重大问题。

Q 银行存款减少，怕是谁也不愿意看到的局面吧？

并非如此。类似的模式，已经有经济学者提出过方案了。

他们被称为"芝加哥学派"。在20世纪30年代，欧文·费雪、富兰克·奈特、西奥多·舒尔茨、亨利·赛门斯、米尔顿·弗里德曼等经济学家曾做过提议。

这个提议是，将存款准备金率提高到100%。100%的存款准备金率，就意味着银行需要把收到的全部存款存入其开设在央行的账户。也就说，银行不能对外放贷。

说起为什么要提出这样的方案，他们的想法是，因为银行进行了信用创造，而信用的膨胀会引发经济的不稳定。因此，为了使得经济稳定，银行就不能创造信用。如果真这样做，银行也只能从事那些被限定住的事情了。

这个提案，遭到了银行业的强烈反对，因此没有实现。不过，类似的想法，至今也依然有人在提。

像"狭义银行"（Narrow Bank）① 这样的理念一直都存在，其实就是一种不认可银行进行信用创造的想法。

在这种理念之下，银行所持资产，只能用于购买

---

① 指实现完全准备金制度，要求商业银行存款有100%的存款准备金支持。在这种模式下，商业银行将其所有存款转入央行，而不能发放贷款以实现信用扩张。商业银行只是央行进行货币投放的渠道。所有的信用扩张，都依靠央行扩表来实现。在这种模式下，全部货币都是央行供应的基础货币，没有商业银行通过贷款实现的货币乘数效应。——译者注

国债等安全资产，而不能去放贷。国际清算银行（BIS）实施了相应的规则，以促使银行降低其所持的风险资产，其实也是一样的考虑。

在爱尔兰也有过同样的提案。在雷曼事件[①]爆发时，爱尔兰因金融危机而导致整个国家几近破产。基于对此事件的反省，有方案提出要防范银行通过信用创造而导致金融泡沫。这被称为"统治货币"。

无论是芝加哥学派的 100% 准备金制，还是狭义银行和统治货币，理念都是相似的，即不认可银行的信用创造。在这一点上，央行发行的数字货币倒是与这些理念相契合。

央行如果发行了数字货币，就完全实现了与这些理念相同的形态。

Q 如果央行发行数字货币，如何控制货币供给量？

在目前的经济中，大部分货币是银行存款。关于这

---

① 2008 年，美国第四大投资银行雷曼兄弟由于投资失利，在谈判收购失败后宣布申请破产保护，引发了全球金融海啸。——译者注

一点，有不少误解，很多人会认为货币就是现金。现金只是货币的一种而已，以总量来看，现金也仅占全部货币的一成左右。

因此，一个经济体的货币总量，更多取决于存款货币的多少。日本银行虽然可以直接掌控日元现金的发行量，但是无法直接控制存款货币的量。只能通过利率等方式达到间接控制。

但如果央行发行数字货币，那么很可能会占到货币的大部分。因此，央行可以直接控制经济体的货币总量。

此时在央行的资产负债表上，负债是央行发行的数字货币，资产则是政府信用（国债或贷款）。经济体的货币量，主要取决于央行获得的政府信用。

问题是，这样该如何控制货币呢？如果无法控制，那么货币量过多就有通货膨胀的风险。

经济学家米尔顿·弗里德曼，就上述的控制问题提出过"K%法则"。这个法则是说，货币供应的增幅应固定在K%这一比例上，不能随意改动。

确实，这样一来货币的增加率保持恒定了。但是，在实际操作中将该比例固定在K%，是充满挑战的。

特别是在日本，政府一次次地修正其通过的法律。典型的就是消费税。提高消费税税率的法律虽然早就确定了，但进行了两次延期。所以，我们也不能指望K%的比率能固定下来。

此外，央行直接获取政府信用，以此来控制货币量，其实是"直升机撒钱"模式。这是美联储前主席伯南克提出的方案，成为一个有争议的话题。这个方案说的是，央行为政府信用提供资金支持，政府将其通过央行获得的资金直接存入每个人的存款账户。

上述模式所提出的问题其实是，经济整体的货币量该如何决定。在这个问题上，历来有货币主义与银行主义的争论。货币主义认为，因为经济状况会受到货币量的影响，而银行券的发行会带来货币的流入/流出，对此必须有所限制。与此相对，银行主义则认为，要认可商业银行的存款占货币的大部分，通过银行的信用创造过程，其实自发地决定了合适的货币量。统治货币，还是沿着货币主义的理念在构造其体系。

3. 未来的货币体系会怎样

Q 今后，哪种数字货币会成为主流？

未来的数字货币，会有 3 种情境（见表 3–1）。

第一种，比特币类型的数字货币成为主流。

第二种，大型银行发行的数字货币成为主流。

第三种，央行发行的数字货币成为主流。

我在 2014 年出版了《虚拟货币革命：比特币只是开始》一书，但那个时候只有比特币类型的数字货币。其余两种数字货币的相关计划，是之后才出现的。这 3 种数字货币，目前看来性质差异非常明显。

Q 大型银行的数字货币如果成为主流，会是怎样的状况？

我是期待数字货币竞争的。

经济学家弗里德里希·冯·哈耶克在《货币的非国家化》中提出，不要让央行垄断货币发行权，而是让民间的金融机构发行，并在此之间进行竞争。

如果大型银行的数字货币间开始竞争，那就非常接近于哈耶克的自由货币理念了。如果竞争，就会出现同样的产品或服务，对应不同的价格。

为了便于说明，我们姑且将目前的日元称为"J币"，而将三菱东京 UFJ 银行的数字货币称为"M币"。

比如说，打出租车的费用，会出现"用 J 币支付需要 700，用 M 币支付只要 600"的情况。这是因为，对出租车公司而言，在其结算成本上，M 币要比 J 币更便宜。出租车公司将其节约下来的部分成本，通过降价来返还给乘客。如果这种事情发生，M 币将急速扩张，而 J 币则被驱逐。

上述的双轨价格，并非只是空想的事物。部分已然化作现实。比如，在便利店或百货店用会员卡买东西，往往有折扣，其实这与前述模式是一样的。

如果不同银行发行各自的数字货币，那么银行间的数字货币竞争就开始了。这里的竞争，围绕使用的便捷性、附带的服务和接受的商家数量等方面，就会出现"用某家银行的数字货币，折扣率比较高，而用其他银行的，折扣率则较低"的情况。

Q 央行发行的数字货币如果成为国家货币，个人隐私还受保护吗？

数字货币的匿名性如何，要看央行发行数字货币时，以何种程度追索个人信息（钱包地址的所有者是谁，是否要严格确认）。不追索则可以实现匿名性。

有人会觉得，央行提供具有匿名性的支付手段是件奇怪的事。但是，也有意见认为，现在央行发行的纸币就是如此，匿名性是一样的。

当然也有意见认为，如果没有匿名性，巨额资金汇款就不为人所知，也是有问题的。

但这到底是好还是不好，有很大的争议性。利用匿名性进行犯罪、洗钱和逃税等的风险很大。印度废止了大额纸币，就是基于这个理由。

而且在日本，通过交易所买入比特币等数字货币时，交易所同样有"本人确认"的责任。所以也有人认为，如果央行发行的数字货币无须本人确认，就会产生失衡。

Q 如果匿名性有问题，就应该做严格的"本人确认"吗？

如果央行知道了钱包地址的所有者是谁，那么使用数字货币的交易细节就可以被完全知晓了。如果央行应用数字货币，很可能所有交易都会用到该货币，也就是说几乎全部的交易细节均可以被央行掌握。

这样，所有人的隐私也就没了。这已经不是在金融交易中需要"身份证号码"的问题了。国家不仅能完全掌握国民的收入情况，而且国民的所有经济活动也可以被掌握。

这正是乔治·奥威尔在《1984》里描述的极权化的社会管理，即"老大哥"①的世界来临。

这与谷歌或苹果等民营企业，通过大数据获得个人隐私信息是完全不同的。关于个人的隐私管理，是个深刻问题。

在各国央行都在讨论数字货币发行的今日，这样的未来不再是科幻小说中的想象，而是进入真的有可能到来的阶段了。

央行是否应用数字货币，以什么样的结构形态应用，都会对社会的存在方式产生巨大影响。

Q 有了数字货币，我们的未来会比现在更自由吗？

上述 3 种数字货币形态，哪种会成为主流，经济形态也会大为不同。

如果是比特币这样的数字货币，很可能带来一个去

---

① 英国作家乔治·奥威尔在小说《1984》中，描述了一个极权社会的"老大哥"，他为了维持和巩固其凌驾于社会之上的绝对权力，对社会的每一个成员进行全方位监控；不论你说了什么、做了什么，"老大哥"都会知道，甚至你在想什么也能了如指掌。——译者注

中心化的分布式社会。这与自由主义理念最相合。

但是，比特币类型的数字货币如果普及，就成为在传统金融系统和国家系统之外的流通货币，可能会出现金融政策失效，税收征收受阻等问题。倘若广泛普及，甚至有可能影响国家货币体系。

关于银行发行的数字货币，不同的做法会有不同的结果。可能只是将目前的银行存款变为数字货币，也可能独立于当下的央行网络，而形成独立的货币圈。

央行发行的数字货币如果被广泛使用，全民的所有经济活动都在央行的掌握之中。

我们究竟要走向何方，当下正处于一个十字路口。虽然并不知道最终会向何处演变，但应该意识到，我们做出的选择是非常重要的。

第 4 章

什么是区块链

1. 区块链的结构

Q 数字货币与区块链有什么联系？

区块链是比特币的核心底层技术，是记录电子信息的新型结构。

全网参与者在公开账本上记账，以此来管理交易记录。在世界上，每隔 10 分钟，比特币的交易数据会生成一个"区块"，并将数据写入其中。A 向 B 的汇款，C 向 D 的汇款，E 向 F 的汇款等交易信息，全都被写入区块链。

区块链的主要特征在于，这里没有中心化机构，而是由自发集合起来的计算机来运营。区块链的可信之处在于，谁也不能篡改交易记录。也就是说，伪造是困难的，因为这是分散管理模式下的交易账本。

区块链，是与过去完全不可同日而语的技术，会对经济和社会产生重大影响。

目前，汇款等经济活动，还是通过银行等值得信赖的机构来管理的。区块链可以替代中心化机构，以计算机网络来检查交易的正确性。不仅如此，而且谁也无法篡改记录。因此不需要中心化机构，就可以低成本地运行起来。

Q 区块链是金融科技（Fintech）的一部分吗？

正如第 1 章第 3 节所论述的，所谓"金融科技"，是信息技术在金融服务领域的应用。如表 1-3 所示，也有没用到区块链的金融科技。

可以将区块链理解为金融科技的一部分。但是，区块链技术又与其他金融科技存在很大的差异。

区块链之外的金融技术（除了 AI 的应用），并没有如区块链这般的创新性。这些技术让日常生活变得更为便利，这是事实。但是，这些技术的内在逻辑并没有改变。真正能给社会带来创新的技术，还是区块链。

此外，区块链也不局限于金融领域，在多个领域都可以被广泛应用。

Q 区块链与过去的电子数据记录系统，有区别吗？

区块链，并非传统的中心化的客户 – 服务端模式，而是点对点的分布式结构。全体计算机参加网络，记录"货币从哪儿汇到哪儿"交易过程的账本，并进行管理。

其特征在于，篡改信息和重复交易等不正当行为，在理论上不可能发生。举例如下：

假如只有两个国家（见图4-1）。一个是电子现金国家。这个国家由国王管理所有的交易。国民向其他国民传送电子现金时，要通知国王。国王管理一个大账本，记录交易信息。

这里面的重点在于，国王以中心化的方式管理全部的交易。这虽是电子现金的结构，但不只是电子现金，社会中运行的各种事业的信息，也都是由中心化的管理者进行管理的。

另一个国家是使用数字货币的国家。这个国家的交易信息是以完全不同的方式进行管理的。

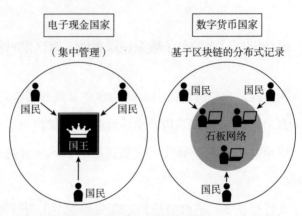

图 4-1　电子现金国家和数字货币国家（仅为假设）

这个国家有几个街区，各个街区的中央广场都有大大的石板。所有的交易记录都刻到这些石板上。当某个国民要向其他国民传送数字货币时，负责在石板记录信息的人群，就在石板网络上向全体通报。

于是，负责在石板做记录的人群，接到这个信息并确认这是笔正确的交易后，也记录到各自的石板上。不管哪个街区的石板，都刻上了同样的内容。也就是说，不是由一个人来集中管理信息，而是由很多人以分布式的方式记录信息。

而且石板是建在广场中的，谁都可以看到。因此，只要大家共同认可 A 向 B 发送了数字货币，并刻在石板上，B 作为数字货币的持有者就有合理的证据。

数字货币的交易，取决于是否记录到了区块链中。

在石板上做刻写工作（挖矿）的人，被叫作"矿工"。矿工就是采掘者的意思。实际工作的是计算机。

全世界的交易每 10 分钟被记录一次。而这每隔 10 分钟生成的框架，就被称为"区块"。

下一个 10 分钟的交易，会生成下一个区块。这样的区块连接起来，就是"区块链"。

Q 集中式管理系统和分布式管理系统的基本差异是什么？

集中式管理系统，就如同国王记录所有交易信息。因此人人都信任"国王没有不正当行为"，就极为重要。

分布式管理系统，就如同交易信息被记录在"谁都可以看到的立于街区中心的石板"上。因为信息已经刻在石板上了，不能再改写。因此是值得信任的。

当然，在现实中将信息刻在石板上是非常辛苦的。要花费大量时间。区块链技术，与刻石板这种原始记录方式，其本质相同，只不过区块链以电子化形式实现了这一功能。

集中式管理系统存在几个问题。首先是成本高。因为做记录工作的是国王。其次是防御外部攻击能力较弱。假如王宫被袭击而遭到破坏，记录就丢失了。再次，假如国王记错了，那就留下了错误的数据。

多数人共同记账的区块链，能解决这些问题。也没必要给刻写者很高的酬金。另外，就算有环境等原因，某个街道的石板被损毁，其他街道的石板还是记录着同样的信息，记录也不会丢失。所以把记录刻在石板上，不会被篡改，也不会弄错。

Q P2P 是什么？谁是参与者？ P2P 都做什么？

上述内容，只是"假想"而已。实际上，区块链是由多个账本记录交易过程的分布式结构。这与传统的中心化的客户 – 服务端模式不同，这是通过构建 P2P 网络系统，进行的分布式管理。

"P2P"这一网络系统，是指谁都可以自由写入的计算机集群。

构成 P2P 的计算机，也被称为"节点"（node），它们来检查交易正确与否。检查是遵循事先确定的协议规则进行的。

P2P 的成员，遵循着协议，检查诸如"A 是否真实持有其发送的币""有没有重复支付"等问题。全部节点均收到相同的数据，进行同样的检查，并监视确保不出错。

所以，只有构成 P2P 的所有计算机都确认"支付信息无误"，才会在一定的时间间隔（比特币是 10 分钟）后将全世界的交易信息，记录到区块中去。

这个工作接次进行，而每隔一定时间所录入的区块，也被连接起来。

Q 哈希函数是什么？

区块链的特征是，篡改或出错在理论上不再可能。之所以能实现，哈希函数这一工具发挥了重要作用。

把集合的数据录入哈希函数，会有个叫作"哈希值"的数字产生。

这是个单向处理机制，很难从哈希值逆推原始数据。而原始数据只要稍微一变，哈希值也会变。

为了便于直观理解哈希函数，可以想一下素因数分解。素因数分解与哈希函数很类似。

素因数分解，是指 6 可以分解为"2×3"，10 可以分解为"2×5"，即某个数可以分解为素数的积。也就是说，将正整数以素数的乘积形态来表现。

这个分解过程，如果是 6 或 10 这种位数少的，还算简单。随着位数增加，则会越来越难。

而且，从素因数计算乘积是简单的。比如，素因数 2、11、13、13、1 283，全部相乘就得出 4 770 194。

但如果问题是："请将 4 770 194 进行素因数分解"，就是个很辛苦的任务了。按照 2、3、5……的顺序尝试除以各个素数，必须一一确认后才知道能否整除，要花费巨大的时间和精力。

也就是说，素因数分解是"在某个方向下计算很容易，但反方向计算则极为困难的函数"。具有这种性质的函数也被称为"单向函数"。

哈希函数就是一种单向函数。从原始数据出发得出哈希值是简单的，但是从哈希值出发想要找出原始数据，则非常困难。

Q 所谓"挖矿"，是指什么工作？

每个比特币区块上都包含着世界上每 10 分钟的交易记录。

除此之外，在当前区块上，还记录着"上一个区块的哈希值"和"随机数"（Nonce）[1]。这些数据作为原始数据，可以输出该区块的哈希值（见图 4-2）。

---

[1] "Number Once"的简写，在密码学中是指一个只使用一次的数字。在认证协议中，它往往是一个随机或伪随机数，寻找这个随机数的过程就叫作"挖矿"。本书对此并未做详细解说，感兴趣的读者可以通过互联网或其他渠道做深入了解。——译者注

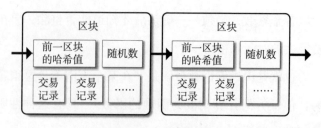

图 4-2 区块链示意

在此，哈希值要满足一定的条件。比如，哈希值的前几位要为零。构成 P2P 的计算机群，并行的作业便是从哈希值求解可以满足该条件的随机数。

但是，如前所述，哈希函数是单向处理机制。要从哈希值推导出作为原始数据的随机数，是极为困难的。只能一个数、一个数地去尝试。

矿工的计算机所挑战的就是这项任务，最早发现正确随机数的计算机可以宣布：发现。

发现的随机数一旦被确认为正确，该矿工就成为这10分钟交易的"负责人"，并加盖"此交易正确"的时间戳。进而，作为报酬，该矿工可以获得一定数量的比特币。上述一连串作业，被称为"挖矿"。

随着该作业的循环进行，区块和区块也就连接了起来。

Q 节点和矿工是一回事吗?

从事挖矿的计算机,是节点的一种。在挖矿之外,节点还作为钱包功能的主体而存在。

此外,"全节点"一词也经常被提及。这是指,那些下载区块链上的全部数据,验证和监视是否有不正确的交易,并将区块链信息传达给其他节点或经常使用者的计算机。

它们不挖矿,而只是检查区块链运行的计算机。因为不挖矿就没有报酬,所以它们是作为志愿者在比特币网络中进行分散化协作的。

Q 我也想挖矿,可以吗?

用普通的个人电脑来挖矿,理论上是可行的。实际上,在比特币的诞生初期,挖矿就是在少数人的个人电脑上进行的。

但是此后,挖矿被商业化了。时至当下,矿工用的都是特制的计算机进行工作。这些计算需要耗费大量电力，电费如果不便宜的话，是不划算的。这是个问题。

因此，个人即使可以用自己的个人电脑来挖矿，也是毫无竞争力的。

Q 区块链上的数据，为什么不能被篡改？

管理区块链数据的是 P2P 的计算机，也就是任何人都可以录入信息的计算机集群。

现在，假如有个叫 X 的坏人。X 要把 A 给 B 的比特币汇款数据，篡改为 A 给 X 本人的汇款数据，以此盗窃比特币。

但是，区块的数据哪怕只改变一点，由此导出的哈希值也会变化。正确的随机数的值也因此变化，所以就需要重新计算。想要对上这个数，需要做大量的（计算）工作。

不仅如此，在当前区块上，也记录了前一个区块的哈希值。如果被改写的区块的哈希值变了的话，那么输入下一个区块的哈希值也要变。

由此，下一个区块的随机数的值也会变化。这就需要重新计算。更进一步说，因为下一个区块承继的哈希值变了，所以要重新计算随机数。

从改写的区块开始到最新的区块为止，全部都要重新计算，只有这样才能完成对数据的改写。想达此状态，即便把全世界的计算机全都串联起来，也是不可能实现的。

这正是对"为什么区块链上的数据，可以像刻在石板上的文字一样，不能被篡改？"这一问题的回答。这是因为有工作量证明的结构。

Q 工作量证明是不是一项浪费性的工作？

矿工从事的工作就是计算随机数，而算这个数对现实世界而言是没有用处的。而且，这项工作还耗费大量电力。因此，这项工作毫无意义。

但我们还是要想一下，为什么要做这个工作。这是因为，可能会有心怀恶意的人参与 P2P 的网络。为了防止这些人篡改区块链上的记录，才设定了这样的工作。

这意味着，工作量证明还是有必要的。

以日常生活作为类比，这样的成本就好理解了。比如，我们晚上都要关门关窗，为此需要支付费用来上锁。如果世上没有小偷，也就不需要花费这项成本了。

与之同理，工作量证明所花费的成本也是必要的。

Ｑ 什么是拜占庭将军问题？

一帮无法相互信任的士兵集合起来，要共同去完成某项任务，怎么做才能防止被其中的叛徒所陷害？

这被称为"拜占庭将军问题"，在此之前，计算机科学无法解答这个问题。而区块链解答了这个问题。

前文已述，可以明确的是，矿工合作挖矿是为了获得报酬，而不是为了防范作恶的行为。区块链是一种"作恶不划算"的结构。因为作恶在经济上是不划算的，所以谁也不去篡改了。

区块链秉持的不是"作恶是不道德的，所以不要去做"，而是"作恶是会受损的，所以不做"。

所以，这是一个无论参与者是谁，都可以信任的结构。工作量证明机制，与那些"因为是亚马逊，所以可信""因为是银行，所以可信"等想法支撑起的结构完全不同。

因此，可以说比特币是"不能相互信任的人，在一起做了一件可以被信任的事"。也就是说，区块链是不依赖于某个特定管理者的信用，但是能给作恶者带来损害，而将其排除在外的结构。

另外，Mt. GOX 破产事件的发生，其实是交易所的问题，而非区块链结构的问题；是保管的数据被盗问题，并不是比特币本身的问题。

Q 在比特币的 P2P 模式中，有多少节点参加?

根据 Bitnodes 网站数据，截至 2017 年 11 月中旬，全世界有 10 982 个节点。

区块链的信任性，也是基于 P2P 中不会有过半数的节点串通起来篡改数据。这被称为"51% 攻击"，后文再述。所以，为了避免节点串通，就需要有足够多的节点来参与，前面提到的数字被认为是足够多的。

Q 分叉是什么？

所谓"分叉"，是指区块链的分歧。

目前，进行挖矿作业的计算机（节点）有很多，它们要在极短的时间内，找到正确的随机数。

这就会出现在某个区块后面有多个区块相连的情况。也就是说，区块链出现了分叉。

此时，处理方式如下。

首先，将两个链都作为正统，挖矿都继续进行。不管是哪个分叉，节点都可以向其追加自身的区块。

但最终，更长的链会被采纳，而未被采纳的链则被舍弃。也就是说，这个被舍弃的链的数据就没有了。在被舍弃的链上挖矿的矿工，不会得到报酬。

因为在被舍弃的链上挖矿不会得到报酬，所以大家都会集中在胜算高的预期分叉上挖矿。这样，就算有分叉，链还是会收敛为一条。

乍看分叉，是一种非常奇妙的现象，其实是因为某个区块没被认可，就进行了交易，这也是不可避免的。但是，因为几乎所有的交易，都可能涉及分叉的链，所以实际上引发的问题也不少。

Q 软分叉和硬分叉，又是指什么？

核心开发者，在想要修改比特币规则的情况下，会有意地导入分叉。

这是在 2017 年 7 月实际出现的问题。

即使出现了分叉，链也会收敛为一条，被称为"软分叉"。

但是，有矿工团体会在那些有意为之的分叉下继续挖矿。这样，链就会维持分叉状态。这被称为"硬分叉"。

2017 年 8 月，比特币出现了硬分叉，生成了比特币现金。

Q 51% 攻击是什么？

想做坏事的矿工团体，会有意导入不正确的区块，于是区块链就发生了分歧。

进而，在这个区块后面，还有相连的区块会被持续认可。这个阵营的算力如果非常强大的话，会让不正确的链比正确的链还要长，使不正确的链存活下来，而正确的链被舍弃。用这个方法去攻击虚拟货币，也是有可能的。

　　但是，要想让分叉的区块被认可，需要过半数的计算总量。因此，攻击要想获得成功，矿工团体需要控制51% 以上的计算量。

　　这被称为"51% 攻击"，但是全世界参与计算的节点众多，实施51% 攻击，是非常困难的。

2. 区块链有多么重要

Q 有人说，区块链的出现和互联网的出现具有同等重要性，真的吗？

要理解区块链的重要性，先思考一下"互联网所不能做到的事"，便会更容易理解。

互联网能将地球上任何地方的信息，以近乎为零的成本传送出去。这是具有革命性的。但即便如此，互联网也有两点是做不到的。

一是经济价值的传送。二是信任确立。而就这两点来说，区块链都可以做到。

基于区块链，以低成本传送经济价值成为可能。此外，还可以确保信息的真实准确。目前这两点通过互联网还无法实现，但区块链将其实现了。所以说，这是一场"革命"。

唐·塔普斯科特（Don Tapscott）在《区块链革命》中指出，从前的互联网是信息的互联网，而与此相对应，区块链是价值的互联网。我对此深以为然（见表4-1）。

表4-1　区块链带来了什么

（1）解决拜占庭将军问题
（2）不需要信任对方的组织，实现"无须信任"（trustless）的社会
（3）可以传送货币，不需要银行等中心化机构的货币，全球货币间的竞争
（4）大型组织的优势减少
（5）不再依附于组织而工作，独立自由工作者的时代

Q 为什么基于区块链，可以在互联网上传送经济价值？

在互联网上传送经济价值，有两个必要条件。其一，

即使没有银行等中心化机构的存在，交易者也可以信任交易记录系统。其二，被记录下来的交易信息是不可篡改的。

因为电子数据是很容易被改写的，所以提交的电子数据是否为正本，有没有被改写，是无从判断的。

因此虽然有了互联网，但想仅以电子方式进行经济交易，还是非常困难的。

与此相对，写入区块链的数据，在理论上没有被改写的可能，这是要点所在。由此，信任性就得到担保。因而，货币等经济价值也就可以通过互联网实现传送了。

不仅限于比特币等数字货币，在证券交易和保险等领域也在试行区块链的应用（参见第5章第1节）。

金融，占据了经济活动的核心，因此区块链有可能带来无法想象的巨变。

不仅是在金融方面，区块链在商业领域的应用也备受期待。有人认为，区块链会在共享经济等领域带来重大影响。此外，区块链的应用范围还包括市场预测、商品溯源、物联网等领域（参见第5章~第7章）。

世界经济论坛在 2016 年 8 月发布的报告中指出：区块链是今后数年可以给世界带来重大影响的十大技术之一。

Q 确立信任性是指什么？这一点的重要性在哪里？

从前的互联网所不能做到的一点，就是信任性的确立。

互联网，对通信的对方是否为本人，是不能确认的。也就是说，互联网是一种信任度低的脆弱系统。

比如，就算打开亚马逊网站，也存在"现在打开的网站，真的是亚马逊吗？还是冒充亚马逊的网站？"的问题。就算输入的是亚马逊的网址，也可能有人在中途将信息篡改。

无法确立信任性，是非常大的一个问题。

因此，诸如货币之类的有价物，是无法被传送的。对方是谁不知道，传送的数据正确与否也不知道。

互联网的出现，使信息传送的成本下降，人们期待能以此实现社会的扁平化，但未能达成，很大一方面原因正在于此。

而与此相对，区块链恰恰是一种"录入的信息即为正确信息"的结构。由此，在互联网上确立信任性成为可能。

在区块链的系统上，不需要信任对方的组织。区块链结构自身可以确保数据的正确性，因此无须像过去那样依赖于具有信用的组织，也能进行经济上的交易。这是非常重要的一点。

Q 过去在互联网上，难道没有传送过经济价值吗？

的确，当我们在亚马逊网站上买书的时候，我们可以用信用卡在互联网上进行支付。但背后的逻辑在于，因为交易平台是亚马逊，我们才敢付款。

第一，因为我们的支付对象，是亚马逊之类的可信任者，所以我们才愿意告知自己的信用卡号码。如果是不知名的网站，我们是不会告诉的。

第二，该网站到底是不是亚马逊，仅凭眼观是无法判断的。它可能是一个完全相同的伪造网站。

为应对该问题，网站上会使用"SSL 认证"这个机制，来证明 "对方一定是亚马逊"。

由可信任的第三方认证机构发行相关的服务器证书，以此证明身份。也就是说，我们信任的是可信任组织的 "盖章确认"，由此才能进行经济上的往来。

但是，取得认证是要花费成本的。事实上，也只有大企业才能做到。

Ｑ 汇款成本降低的重要性有多大？

使用信用卡进行结算，一般来说，手续费为其结算额的 2% ~ 4%。买方可能不会注意到，因为认证相关的成本和信用卡的手续费，主要由卖方承担。

从卖方来看，如果使用数字货币，就不必承担原先信用卡结算时所付出的手续费了。这对于卖方来说，意义重大。

根据对日本企业的统计，2016 年 1~3 月，全产业口径下的营业利润率为 4.6%。资本金在 1 000 万 ~2 000 万日元的小企业，该数字仅为 2.3%。因此，那些 "现在不采用信用卡结算，但可以接受数字货币结算"的企业是大量存在的。

也就是说，现在用互联网系统进行汇款并不便利，而且要花费巨大的成本。从结果来说，这些都是我们要承担的。

支付与结算，几乎是所有经济活动的基础内核。但极端一些来说，这一点从中世纪以来就没什么改观，一直处在非常低效的状态。

微支付的效果，也许更明显。基于此，一些付费网络内容的发布，成为可能。此外，海外汇款也便利起来，成本有了断崖式的下降。这样一来，汇款和结算的结构体系将大为改变。

这些影响，可能会与当初互联网的出现一样，不可估量。

Q 区块链应用的落地，大概会在什么时候？

区块链的出现，可以说是继"从大型计算机向个人电脑的变革""从电话向互联网的变革"之后的"信息技术领域的第三场革命"。

其实就像在飞机和互联网被发明之初，就算是这样具有创新性的发明，在一开始也并不为人们所认可，而被认为是"骗人的把戏"。

对数字货币的评价，目前可能也是在这个阶段。

回顾互联网的普及，自互联网诞生，到被很多人使用之前，也差不多花了10年以上的时间。很大一部分原因在于，从电话线路到互联网线路，需要改变通信线路才行。

但就目前来说，通信的基础设施已经完备。因此，区块链会比互联网普及花费时间短，很可能会更快进入实用化阶段。

3. 两种区块链：公链和私链

Q 公链和私链的不同之处是什么？

区块链，大体上可以分为两种方式。

一种是比特币所采取的"公链"方式。在公链里，不存在中心化机构，由 P2P 的网络系统对交易账本进行分布式管理。这个网络是谁都可以参加的。本章的第 1 节所说的就是这种类型的区块链。

使用公共的开放网络，可以实现具有高信任性的网络系统，这是要点所在。如果金融等领域的交易都使用该网络，社会可以向扁平化和分布式发展。

另一种是私链，谁能进入该网络系统，由中心化机构决定。这与谁都可以自由进入的 P2P 网络系统完全不同。

私链的信任性，并不是因其结构而产生的，而是和过去一样，是基于对中心化机构的信任才获得的。可以说，两者在思想上是完全不同的事物。

Ｑ 金融机构要用公链还是私链？

目前，全球的银行或央行，都打算用区块链来发行数字货币。这里用的区块链是私链。虽然打着区块链的名号，但只有银行选出来的计算机，才能加入网络。

在私链中，网络所含的计算机数量不似公链那么多。金融机构用私链进行业务应用的实证检验，但参与的计算机（节点）一般都不超过 10 台。

Ｑ 公链和私链的区别，只是参与的计算机数量不同吗？

不是这么简单，两者在根本思想上就不同。

区块链，将过去互联网所无法实现的"信任确立"变为可能。"就算有人想作恶，也是不划算的，因此可以信任"的这一结构，是公链带来的创新。要说信任的东西到底是什么，一定不是某个组织，而是信任整个区块链的结构。

与此相对，在私链中，还是以对组织的信任为基础，比如"三菱东京 UFJ 银行不会作恶"或"日本银行不会作恶"等。这与"因为是亚马逊的网站，所以输入信用卡信息也没关系"这种传统互联网模式下的结构，是完全相同的。

与理应被称为"社会变革"的公链相呼应，私链也被称为"变革"，对此我是存疑的。两者是完全不同的东西。只是在新闻报道和解说中，对两者的差异没有强调而已。

✆ 公链和私链，哪种更好？

如果说以区块链为基础的数字货币能取代现行的货币，是自由社会的开端。这里是指可以自由参加、没有中心化机构的公链的情况。私链如果成为主流，这个话题就不一样了。

私链，是"加入网络系统的计算机由某组织自身决定"的结构体系。这与"谁都能加入"的公链在思想上存在根本不同。这是以"该组织应该不会作恶"这一信任为根基的结构。

是基于公链的分布式社会好，还是基于私链的中心化社会好，这是思想上的问题，不能一概而论。但是，在两种区块链中做出何种选择，将是决定未来社会性质的重大因素，不可不知也。

　给年轻人的数字经济启蒙

第 5 章

区块链的广泛应用

1. 证券交易、保险业，以及融资方式的改变

Q **在金融领域，除了货币，区块链还能应用在哪？**

广义上，金融业原本就是信息产业中的一个。因此，区块链这样的新型信息技术，会给金融业带来重大的技术性变化，也是理所当然的。

在此之前的金融业，并没有发生重大的技术性变化。因为金融业是强监管的行业，特别是行业的准入限制尤为严格。因此，应用新技术以提升业务效率的动力机制并不奏效。

区块链的应用，对金融业的基本结构会产生很大的影响。

金融业目前所从事的业务，多为信息中介。如果区块链可以替代这些业务，就会使成本降低。进而，金融业务

的形态会发生重大变化。

在第 1、2、3 章中所述的，是区块链在汇款方面带来的变化，但区块链的实际影响范围可不止这些。如表 5-1 所示，区块链在证券、保险、资金融资等领域，都有应用空间。如果将此表和表 1-3 比较来看，可以很清楚地看到，区块链已在多个领域上场了。也就是说，区块链带来的革新，几乎涵盖了金融科技的所有领域。

银行和证券公司现在从事的业务，多数都会被区块链所替代，甚至有些业务可能会直接消亡。

表 5-1　区块链的应用（金融）

货币 比特币类型的数字货币 商业银行发行的数字货币 央行发行的数字货币	证券 交易速度虽快，但清算和结算 要花费时间 通过区块链实现高速化
保险 P2P 保险 指数保险（parametric insurance）	资金融资 首次币发行（ICO）* 取代首次 公开发行（IPO）

* 2017 年 9 月，我国工商总局等七部门发布《关于防范代币发行融资风险的公告》，公告中指出，ICO 本质上是一种未经批准非法公开融资的行为。

Q 在证券交易领域，如何应用区块链？

证券交易中的普遍问题是，结算业务需要花费很长时间。为缩短结算时间，证券交易所开展了运用区块链进行结算业务的实验。

纳斯达克在"Nasdaq Linq"这一私募股权交易系统中进行了实证检验，并获得了成功。纽约证券交易所和维萨（Visa）等也在进行类似的实验。

纳斯达克的实验，是在交易完成后用区块链来进行结算/清算。在日本，日本交易所集团也发布声明说，其进行了同样的实验并取得成功。

在不远的将来，很多与证券交易有关的业务，都有可能被自动化。

Q 在保险领域，如何应用区块链？

在保险领域，区块链也可以被应用。像"P2P保险"和"指数保险"这些概念虽然已被提出，但区块链的应用可以使其落地。

所谓"P2P保险",是指由多个人进行团体出资，一旦该团体内的个人发生事故，则予以保险金支付的结构。

所谓"指数保险"，并不是在测算损失额后支付保险金，而是针对特定事项的发生，即刻支付保险金的模式。例如，某个区域发生了一定量级的地震，就自动支付保险金。

上述新型保险，将会对传统保险业务产生一定冲击。

Ｑ 新型融资方式"ICO"是什么？

ICO（Initial Coin Offering），是指通过发行数字货币来融资，这种方式一直都很活跃。

具体来说，ICO 是在区块链相关项目运行之前，便将其在未来提供的服务以代币（token）进行出售。

这种融资方式，有可能替代目前的风险投资和首次公开发行。

根据美国消费者新闻与商业频道（CNBC）的报道，2017 年上半年，ICO 的募资规模已超过同期的风险投资，达到 12.5 亿美元。

Q ICO 与以往的融资方式相比，有什么优势？

在 IPO 时，为确定发售价，必须考虑各式各样的复杂条件，也因此必须具备相应的专业知识。在这个过程中，投资银行或证券公司要发挥重要作用，也会收取相当比例的费用。很多时候，IPO 的手续费比例约为融资额的 3%~7%。

与此相对，ICO 是在互联网上进行的一种众筹模式，虽然目前还达不到完全自治，但也是非常接近的一种结构了。况且，因为运用了区块链，可使成本显著降低。ICO 的发行成本可以降至 IPO 的十分之一。

此外，投资者也可以通过互联网直接买入代币。因此，对投资者来说是多了个选择。有人评价说："ICO 的融资方式更灵活。"

从融资方的角度来看，ICO 也增加了新的可能性。到目前为止，在金融科技领域，能通过众筹或社交借贷进行融资的主体，还是非常有限的。

ICO 可以为当下更多的初创企业带来融资。我们期待它可以推动区块链相关技术的研发。

Q ICO 存在一些问题，是否该被叫停？

目前的 ICO 存在一定问题，这不可否认。以近期情况来看，泡沫化的趋势也是有的。

一些 ICO 项目演化出强烈的泡沫化倾向。很多投资者对项目还没做研判，就将资金投入进去。

ICO 才刚起步，对其投资的安全性是缺乏保障的。若要基于这种新型的交易方式构筑未来，还需要克服诸多问题。

但是，如果对其全部叫停，那就把这来之不易的新型融资方式扼杀在萌芽中了。我们需要做的是，完善当下的结构。

问题在于，IPO 是在事业开始或行至中途的融资，ICO 是在事业还没开始时就进行的融资。此时，不过是有个叫作白皮书的商业计划书而已。因此，需要建立规则才行（比如，确定在白皮书中应当予以明确的点等）。

此外，ICO 的发行方式也需要多加考虑、予以完善（比如，引入拍卖方式）。若再进一步，则在上市时，交易所也要以专家视角严格审核。

2. 智能合约与商品溯源

Q 智能合约是什么?

作为比特币底层技术的区块链,不仅可应用于金融领域,而且对整体的商业模式、组织的存在方式,进一步到我们的工作方式,都会带来重要影响。

产生影响的根源就在于智能合约。

智能合约,是指计算机可以理解的合约形式。

"根据事先确定好的合约条款,通过区块链可以自动化进行交易",这一场景在比特币等相关数字货币领域,已经实现了。

还有一点,"事先确定好的合约"并非仅限于数字

给年轻人的数字经济启蒙

货币的交易，在更具有普遍性的合约中也可以应用。可预见的是，智能合约将实现这种可能性。

合约的交涉、缔结、执行等全部流程，都在区块链上自动处理和记录。基于此，即便是一项复杂的合约，也可以快速、低成本地运行。因为，合约条款的确认和执行是"自动化"的。

可见，区块链的可应用之处，不仅在货币领域。智能合约可应用于更为广泛的领域。通过智能合约，区块链在金融之外的领域也可以得到广泛应用（见表5–2）。

表5–2　区块链的应用（金融领域之外）

> 区块链的应用领域，不只是金融：
> （1）真实性证明：商品溯源
> （2）预测市场：没有庄家的透明系统
> （3）共享经济：没有优步和爱彼迎等中介
> （4）物联网（IoT）

ℚ 什么是真实性证明？它有多重要？

区块链技术，可将目前互联网无法达成的东西，变为可能。

其中一点，就是可以对互联网上"何为真实信息"予以证明。

因为电子信息是容易被篡改的，所以造假就很容易。为了防止造假，人们也想了各式各样的对策，但正如第4章第2节所述，目前建立的都是非自发性的组织结构，成本非常高。

但是，基于区块链，真实性证明可直接在互联网上达成。这是一项非常大的成就。

具体来说，公共认证、公正服务、土地登记、文书存在证明等都可以使用区块链进行真实性证明。

Q 什么是用区块链进行真实性证明？

如果使用了区块链技术，那么在证券交易、保险、贸易金融、股票操作等现有金融业务中，就不再需要人工判断了，可以自动实施。

目前，许多国家正在对特许权等知识产权证明，以及土地登记和结婚证明等公共认证领域的应用进行探讨。还有电影和音乐等著作权的版权证明，也在推进。

在澳大利亚，2014 年 12 月起，基于区块链的真实性证明就开始实施了。在这个系统中，可以提供关于婚姻情况、出生情况、商务合约等内容的真实性证明服务。

瑞典政府开始实验在区块链上管理不动产的登记信息。同样，中国也有"智慧城市规划"的项目。格鲁吉亚政府也在进行类似的尝试。

中美洲的洪都拉斯，因为土地登记文件的管理不善，而很容易被篡改，所以有六成的土地没有纳入注册和管理。那里也在尝试将信息登记在区块链上进行管理。

在税务、社会福利服务、护照发行、人口统计等公共数据记录领域，也可以发挥区块链的作用。

Q 真实性证明还有哪些应用？

在非政府类主体中，以区块链技术做真实性证明的模式也开始出现。

比如，证明"在某个时点，某文书曾存在过"的业务已经出现（"存在性证明"）。

在瑞典，在土地登记方面，有由政府主导的业务，也有由民营企业主导的业务。

另外，通过区块链，还可以出具"我在某方面具有能力"或者"我在某方面受过教育"等方面的真实性证明。

Q 什么是基于区块链的医疗数据管理？

通过区块链进行医疗数据共享的模式开始出现。

美国卫生及公共服务部（HHS）的医疗信息技术全国协调员办公室（ONC），在 2016 年启动了以区块链来管理医疗信息系统的招标工作。

麻省理工学院（MIT）的媒体实验室开发了一个叫作"MedRec"的系统。该系统不对患者的医疗记录做保存，而是记录署名。[①] 由此，患者可以最终控制自身数据。

---

① 一个患者参与的分布式管理系统，使用区块链来保存电子病历。患者可以选择对自己的记录进行添加、查看和分享，来报告症状和其他健康状况。——译者注

Guardtime 公司与澳大利亚政府合作，开始试验通过区块链系统，对澳大利亚的国民健康和医疗数据进行管理。日本也在进行同样的尝试。福冈市将市民的医疗数据和东京海上日动火灾保险的数据连通，开始了相应的业务实践。

Q 什么是商品溯源？

在供应链管理中，"可追踪性"被认为是非常重要的。可追踪性，是指在物品的各个流通环节，即从生产阶段开始到消费阶段（依情况，或许还有废弃阶段）为止，均可被追踪到。这个过程的数据包括，产品是谁制造的，经历多少所有者等。

有很多企业，通过区块链将信息共享，使其在物流管理中得以应用。

举例来说，有一家对钻石溯源的公司——Everledger。这家公司用测试仪对每个钻石的形状做严密的测定，并将测定数据记录到区块链上。除了钻石的原产地证明，交易记录也被记录到区块链上。

这样，购买者可以追踪到钻石的来历，避免买到"血钻"（为取得战争资金而被不法交易的钻石）或被盗品。

若能将食品的生产、交易数据记录下来，就可以防止废弃食品再销售等问题。

Q 在日本也有做商品溯源的公司吗？

澳德巴克斯（AUTOBACS SEVEN）公司在 2016 年 8 月，公布其使用区块链技术构建个人二手商品买卖平台，并已经开始进行实测。

该公司表示，这项业务是在无法被篡改的区块链上，对各商品的购买日期以及所有者的数据进行管理，并将部分数据向购买者公开，旨在提供具有高信任性的交易平台。更进一步，这项业务如能实现，可对各商品从出售到废弃的各阶段所有者进行追踪，因此还有可能解决不法行为等社会问题。

目前，二手车相关用品在个人间的买卖业务，其商品信息只能有赖于卖家提供，如能基于区块链对信息进行管理，就可以保证信息的真实性。

3. 预测市场，取代金融衍生品

Q 什么是预测市场？

应用区块链的领域已经有很多，其中备受瞩目的一个便是预测市场。

预测市场，是指对未来事件下注的市场。

比如，2016 年盛行的赌注是美国总统大选的胜出者。有人认为，特朗普会获胜。与此对应，也有人相信希拉里会胜出，他们用金钱来对此下注。

还有，在世界杯期间盛行的赌注是哪支球队会获胜，也有许多人对此下注。

在预测市场中，人们对未来的不确定事件押注金钱，最终支付给预测对的人。

Q 在预测市场中，使用区块链有哪些优势?

预测市场，虽自古有之，但一直有个重大问题。

那就是庄家可能存在舞弊行为。如庄家将赌金据为己有，操纵赌局结果等，这些行为的可能性难以完全排除。

但区块链能够解决这样的问题。这是因为区块链能够实现一个没有庄家的预测市场。从赔率计算到收益分配，都能通过区块链机制自动进行。此外，对预测结果的认定由外部人员参与进行。

目前已经出现了一些基于区块链的预测市场。具有代表性的是 Augur 平台，它使用区块链来计算赔率、存管赌注和支付收益等。由于没有管理者，因此没人可以从中作祟。没有管理员反而使其更具可靠性。由于该平台是通过智能合约自动执行的，因此任何人都无法蓄意"篡改"。

Q 预测市场是如何运作的？

预测市场并非单纯地赌博。它在商务中有很多应用方向。

虽然现在仍处于实验阶段，但它之所以受到关注是因为它能够替代绝大部分金融业务。

例如，人们认为比特币存在价格变动过大的风险。为了应对该问题，在预测市场中会出现"比特币的价格在一年后是否会低于1 000美元"的赌局，有人下赌注"会低于1 000美元"。

一年后如果比特币价格真的下跌，持有者便会出现损失，但在预测市场中能够获得收益。通过这种方式便可以对冲因价格大幅波动而产生的资产价值变动。

这类似于通过期货交易对冲风险。

例如，为了减轻不利天气条件的风险，可以事先通过期货交易固定农作物价格。金融衍生品、期权和信用违约互换（CDS）等金融商品也是对冲不确定性的手段。

但期货市场及金融衍生品的品种十分有限，而通过预测市场便能对冲更多的风险。

Ｑ 法律能否对区块链进行限制？

在区块链的运用方面，遇到的一个重大课题便是，现行法律法规并未囊括区块链所带来的全新形态。

现行的法律法规，是以"任何事物都有责任承担者"为前提订立的，而类似公链这样没有中心化机构的机制并未被覆盖。由于在现实中无法对参与网络的成千上万台计算机（节点）进行监管，因此没有限制的方法。

赌博在许多国家都被视为违法行为，如果是中心化的系统，便能被中心化机构取缔。但诸如 Augur 这种平台，因为没有庄家，所以无法对其进行管制。

预测市场也存在以下问题：

• 如果被用于违法交易，如何进行管制？
• 会催生什么犯罪行为？
• 针对这些新型犯罪，我们该如何应对？

此外，当通过区块链运营的领域出现问题，或因区块链而产生争议时，也许可以考虑"由法院定夺"。

确实法院也能够对此进行定夺，但判决无法执行。因为没有强制执行的对象。区块链属于自动运行，并没有运营主体。

4. 区块链和日本企业

Q 开发区块链最积极的国家是哪个？

曾经是美国。但是，最近逐渐转向了中国。

中国政府在 2016 年制定的《"十三五"国家信息化规划》中，将区块链指定为优先项目。

2017 年，中国的调研机构乌镇智库发布了《中国区块链产业发展白皮书》，其中披露了一些值得注意的数据。

数据显示，区块链相关企业的数量在 2015 年以前美国为世界第一，但 2016 年中国超越美国成为世界第一。

中国的金融机构希望以区块链为发力点，一举领先世界。

Q 在日本，区块链的发展状况如何？

日本在区块链方面的发展中，初创企业数量极少，处于远远落后的状态。

根据某咨询公司的调查，不仅在区块链方面，日本在金融科技整体的投资金额仅为美国的二百分之一。

同时，根据《华尔街日报》的消息，非上市企业且估值在 10 亿美元以上，被称为"独角兽企业"（参见第 6 章第 1 节）的初创企业，在 2017 年 10 月全球共有 168 家左右，美国占据了一半以上，紧随其后的便是中国。日本仅有 1~2 家，实力相差悬殊。

这是因为，虽然以往日本的技术在制造及硬件领域处于优势地位，但在计算机科学等尖端领域处于弱势。

这些领域的教育落后于其他国家也是重要原因之一。

Q 在互联网方面落后的日本和日本企业，是否有机会通过区块链实现逆袭？

要应对变化，就需要转变企业内部的技术人才结构。

但不得不说，日本企业很难满足这样的要求。电子产业方面便以失败而告终。这并非因为日本技术变差，而是因为技术性质发生变化，日本企业无法应对这样的转变。基本的原因在于日本企业拥有一个自成一体的封闭结构。

在技术开发方面，我们经常会提到"生态系统"。这才是适应于新兴技术发展的机制。这一理念不仅对于技术开发重要，对于运用也很重要。日本企业，在"技术运用的生态系统"方面，存在很大的问题。

Q 是否有运用区块链的知名日本企业？

在日本企业中，也有应用区块链的案例。

比如，索尼国际教育（Sony Global Education）开始在教育领域尝试应用区块链，将学习者个人的学习进度和学习活动记录等数据以区块链技术进行管理。

在进行求职活动时，如果需要提交学校成绩证明等公共机构证明，就会很方便。

该公司开展了一项名为"世界趣味数学挑战赛"的比赛，并通过区块链对成绩进行管理。这样，在考试中无论取得什么样的成绩，数据都是准确的。

另外，瑞可利集团（RECRUIT）的子公司瑞可利科技（RECRUIT Technologies）进行了一项示范实验，将部分外派业务上链。该实验通过区块链对"简历""毕业证明"等个人数据进行管理，并将其运用于外派活动中，以此对人力资源进行更好的管理与使用。

虽然事例并不多，但确实已经开始在日本出现。

第 6 章

共享经济与区块链

1. 什么是共享经济

Q 什么是共享经济?

如今，共享经济机制备受瞩目并不断得到推广。这是一种将汽车、房屋等原本属于个人所有，且只有自己使用的物品分享给其他人使用的机制。

通过智能手机的应用程序，在服务的供应方与需求方之间提供中介服务的新兴企业得到了飞速发展，并实现了巨大的企业价值。同时，经济社会也将迎来巨大的改变。

Q 优步提供怎样的服务?

优步是共享经济服务中的一个。这是一种呼叫出租车的服务。它可以通过应用程序呼叫出租车，并且乘客在乘车前可以知道车需要多久到达，到目的地的费用是多少等。

对于乘客而言，与不知道何时会来的出租车相比，这种服务会更为放心。同时，出租车司机也可以避免没有必要的空跑。

除此之外还有多个优点。第一，在交通拥堵时提高费用。如此便可防止"无论如何都需要搭乘出租车的人找不到出租车"的情况发生。这被称为"高峰负荷定价"，但由于技术上的限制，以往在出租车行业中未能实现。

第二，乘客能给出租车司机的服务做出评价。由于是智能手机上的服务，因此乘客可以直接对司机服务进行评价，并对此进行反馈。这些信息会显示在智能手机上，下一位乘客就能以此作为参考来选择出租车。这样，乘客可以事先了解服务态度较差的差评司机，从而避开这样的司机。

将出租车司机与乘客进行匹配的服务被称为"共享乘车"，而优步便是其中之一。

在自行车领域，共享单车也得到广泛推广。

Q 爱彼迎提供怎样的服务？

通过互联网，爱彼迎将希望出租房屋的人与希望租住房屋的人进行匹配，是一种民宿介绍服务。

通过该服务可以将自己持有的空房或建筑出租给游客，游客选择地区后可以查看接纳游客的房屋照片与房东照片。房屋普遍为独栋建筑或公寓空房，但也会有城堡或私人小岛。

Q 说到共享经济经常会提到"独角兽企业"，什么是独角兽企业？

独角兽企业，是指企业估值超过 10 亿美元，但没有上市的初创企业。

优步和爱彼迎均没有上市，但根据《华尔街日报》栏目"十亿美元初创公司俱乐部"（The Billion Dollar Startup Club）的统计显示，截至 2017 年 10 月，优步的企业市值为 680 亿美元，爱彼迎则为 310 亿美元。换算为日元分别约为 7.5 万亿日元与 3.7 万亿日元。

相比 JR 东日本及 JR 东海的约 4 万亿日元总市值，可见此类企业市值之庞大。

在日本企业中，总市值超过优步的企业只有 5 家，超过爱彼迎的企业只有 32 家。

市值如此之高，是因为人们认为共享经济对未来的经济活动有重要的意义，并且会改变我们经济活动的形态。

Ｑ "共享"不是一直存在吗？现在所说的有何新颖之处？

值得注意的是，共享经济正在改变社会结构，尤其是创造了新的就业机会。

优步和爱彼迎能够达到如此高的企业市值并不只是因为便利的服务，同时也因为它们在一定程度上改变了社会结构。

那么，它们在哪些层面上改变了社会呢？

多人共同使用资本设施和耐用消费品的做法已经实

行了很多年。

例如，在汽车方面，出租车服务存在了很长时间。租车服务也是如此，最近停车场运营公司 Times24 也开始提供汽车共享服务。

在住宿设施方面，酒店或旅馆的共享也存在了很长时间。此类共享服务自身并非新事物，最近发生的是共享形态的变化。

以往的共享是由企业所提供的服务。而优步与此不同。如果使用优步的服务，普通人也能将自己的车作为出租车提供服务。优步不仅提供传统的出租车叫车服务，同时还提供私家车的共享服务，从这个意义上而言，这是一种巨大的变化。

换言之，服务的提供方从以往的企业变为个人。而这正是如今所发生变化的本质。因此，与其说这是共享服务的扩大，不如说是提供方的范围扩大以及就业机会的增加。

这种全新的服务乍看会给出租车司机带来不利。

但实际上，这给司机带来了新的可能性。在美国，在出租车公司工作过的人离职后在优步进行注册的情况不断增加。因此大多数司机的收入有所增加。

对于爱彼迎而言也是一样。酒店与旅馆已经存在了很长时间，但它的提供方也是企业，而现在，它的提供方正在向个人转变。

无论是传统的共享还是全新的共享，在共同使用资本设施这个层面而言是相同的。两者都可以提高社会整体的生产效率。而全新的共享服务在此基础上还增加了获取个人所得的机会。

Q 什么是众包?

企业通过互联网将工作任务外包给自由职业者等专业人士进行作业的行为被称为"众包"。

众包以前便有，而智能手机上的应用程序提供了连接需求方和供应方的服务。应用程序在供需双方之间起到中介作用。而这也可以被认为是一种劳动服务的共享。

此类就业形态与正式雇佣不同。劳动者根据自身意愿选择此类自由工作形态的方式正在成为美国的一种新的就业形式。

2. 共享经济的发展需要放宽限制

Q 为什么在日本感受不到共享服务的快速发展?

因为有限制。正是这些限制阻碍了全新服务的发展。

出租车根据道路运输法采用执照制。旅馆有旅馆业法，出租房屋也存在限制。

除此以外，餐厅、理发店等与日常生活密切相关的行业均受到限制。运输、房产中介等行业也存在限制。

而这种情况随着智能手机的使用正在发生巨大变化。

日本政府已开始寻找逐步放宽对出租车和旅馆业务限制的可能性。但现在仍有各种限制存在，到完全放宽限制仍有很长的路要走。

Q 为什么会进行限制？

市场的作用是连接需求方与供应方，但提供商品或服务的前提是需求方持有。

实际上，服务的供应方拥有服务质量相关的信息，而需求方却没有。例如，在出租车乘坐点等待出租车的乘客无法知晓即将乘坐的出租车的司机态度好坏。该问题被称为"信息的不完整性"或"信息的非对称性"。

因此，在出租车的例子中，如果没有任何限制，黑车便会增加，从而无法确保乘车安全，乘客可能会被骗取高昂的费用。而这些情况能够通过限制避免。

由于需求方事先对服务内容没有足够的信息，因此目前的机制是只允许具有一定资格的人作为服务提供方来确保服务的质量。

但通过限制手段能否维持服务水准仍然存在疑问。而在实际情况中，很多时候它已经成为一种手段来保护已经获得执照的人的既得利益。

如果使用智能手机，就能够对服务质量进行评价，并对此进行反馈。因此，一旦优步或爱彼迎等企业的服务得到普及，限制将会失去其必要性。

从保护消费者的角度来看，对各种服务的提供所做限制的原因在于信息的不完整性。而这种情况现在正在发生巨大的变化。如今，法律体系需要与时俱进。

为保护消费者出台的限制，最终偏向于保护既得利益。如果放宽限制，就会动摇这些既得利益，因此这是一项非常困难的课题。正是因为这些限制阻碍了全新技术的发展。

Q 共享经济之下，法律体系有哪些要完善的地方？

以往法律法规的制定主要是以这些情况作为前提：企业提供服务，个人受雇于企业；个人作为员工，企业作为主体。以往便是以这样的二分法进行运作。而社会限制的目的则是保护个人免受企业实力过于强大所带来的影响。

到目前为止，我们所看到的都是这种二分法发生的变化。如今，个人能够在无须受雇于企业的情况下提供服务。因此如何应对这样的人群成为目前的问题所在。

Q 放宽限制的情况如何？

在美国，多个州正在放宽限制。例如，加利福尼亚州已经认可个人运营出租车业务。优步拥有如此高的总市值便是因为产生了这样的变化。

日本也逐渐意识到需要对此进行调整，因此在民宿方面，2017年颁布了《住宅宿泊事业法》（《民泊新法》），允许民宿行业在一定制约之下开展业务。新法生效后，住宅专用地区也可开展业务。同时，住宿天数也没有限制。

但这是否属于真正意义上的放宽限制仍然存在疑问。其中最主要的问题在于对营业日的限制。限制规定营业日上限为180天。

共享乘车在日本因为强大的阻力还无法实现。在自己的汽车空闲时将其用于出租车业务会违反《道路运输法》。

2016年5月，京都府京丹后市出台了一项特别措施，即通过非营利组织的管理来填补人口过疏地区的交通空白。该市因为人口过疏化以及老龄化问题，出租车行业在 2008 年便已全部退出，因此共享乘车服务在当地受到了用户的好评。但该服务并没有在其他地区开展。我们不得不承认，日本的共享乘车服务几乎没有进展。

Q 为什么日本需要放宽限制？

成长战略中最重要的一环在于使用全新的技术。但我们需要为此调整社会结构，其中包括放宽限制。如果做不到这一点，我们将无法享受技术的真正价值。

同时，日本的空房已经成为一个很严重的问题，我们有必要思考如何有效利用这些空房。此外，奥运会等活动的举办会使海外游客短时性增加，从而可能会引起住宿设施不足的问题。在这种情况下如果增设酒店，就会在奥运会过后因为设施过剩而形成巨大负担。因此我们需要爱彼迎这样的灵活机制。

3. 区块链助力共享经济发展

Q 共享经济与区块链是什么关系?

当前的共享经济中存在着中间商。在房屋领域有爱彼迎,汽车领域则有优步等提供中介服务的公司。

也就是说,由于存在企业中介,因此从技术方面看与以往相比没有太大的不同。虽然以往被限制的领域放宽了限制,这是一个很大的变化,但在技术方面变化并不大。

从技术角度看,主要的变化在于没有中间商和中心化机构。爱彼迎及优步等服务将通过区块链自动运营。

在民宿领域中,希望出租房屋的人与希望租住房屋的游客之间由爱彼迎提供中介服务。而这一中介服务能够由区块链替代进行连接。

运用区块链能够在确保可靠性的同时，让供应方与需求方直接就服务进行交涉。相信在不久的将来，爱彼迎和优步两家公司的业务将会实现自动化。

如果提供服务的人与希望享受服务的人能够通过区块链直接对接，那么将不再需要企业中介。换言之，我们可以认为中介是一个过渡性机制，而在不久的将来便会消失。

Q 目前的共享经济是否运用了区块链？

在共享乘车方面，已经有 La'Zooz 在测试运用区块链提供服务。La'Zooz 是 2013 年 10 月在以色列启动的项目。

这是一种分散型服务，它将有空座汽车的人与需要前往相同方向的人进行匹配，以消除对运输资源的浪费。费用则是由服务的需求方通过平台独有的电子货币 Zooz 支付给供应方。

Q 什么是智能锁?

在共享经济世界中,不确定的人共享相同的事物,锁和钥匙是极其重要的元素。

连接房东与房客的爱彼迎在全球已经有很多人在使用。但这里存在一个钥匙交接的问题。如果出租的房屋在自家附近则问题不大,但在出租相隔甚远的房屋或别墅时就会出现问题。

而这便需要智能锁来解决。智能锁,是指租住人通过电子现金或比特币进行支付后会记录在智能手机中,使用该智能手机扫一下门后便可开锁的机制。房东确认房客汇款后,向房客的智能手机上发送信息,房客便可以此来打开房门。也就是将信息作为钥匙使用。

智能锁在出租车领域也十分重要。现在的出租车都有司机,因此开门的是人。但发展为自动驾驶后,开门时便需要运用到智能锁。

无人出租车到达后,乘客使用智能手机进行开锁,如果没有预约则无法乘坐,从而保证了其他人无法随意搭乘。从这一点来看,在共享汽车领域中,智能锁扮演着十分重要的角色。

在共享单车领域，如果有智能锁便能很方便地出租自己的自行车。

Q 现在已经有基于区块链的智能锁了吗？

智能锁自身通过传统的互联网机制便可实现。但从锁的性质来看，安全性是一个十分重要的问题，涉及成本难免会变高。而运用区块链便能大幅降低智能锁的成本。

德国一家名为Slock.it的初创企业正在开发基于区块链的智能锁。据说这家公司的名称便来自"智能锁"（smart lock）。

Slock.it公司认为："如果能够上锁，那么无论是房屋、汽车、洗衣机还是自行车，所有人都能够十分方便地共享物品。同时，无论是个人还是企业，都可以十分方便地将其资产转换为收入。"如此一来，买卖、租赁、共享之间的界限将会更加模糊。

这将彻底改变共享经济，并将成为未来社会的基础设施。

基于区块链的运行机制意味着即使 Slock.it 的员工全部消失，系统本身也会继续运行。换言之，它不再需要经营。这是因为区块链的存在，组织形式开始不断演变，将出现全新的组织形式——分布式自治组织（Decentralized Autonomous Organization，简写为 DAO）。组织的形态也会因为区块链而发生改变。DAO 的相关内容将在第 8 章中进行阐述。

Slock.it 尚未正式运营，如今处于测试阶段。尽管如此，2016 年年初，公司进行了一次 ICO，出售从现在开始使用 Slock.it 机制所需的货币。由此筹集到的资金达到了 1.6 亿美元。也就是说，仅仅思考了机制便筹到约180 亿日元的资金。

4. 更多的共享经济形式

Q 还有哪些通过区块链运营的共享业务？

通过区块链运营的共享经济并不仅限于以上内容。

在分散电力系统中也正在进行着同样的尝试。

在日本，可通过固定价格收购制度将发出的电力出售给电力公司，随着 2016 年 4 月电力零售的全面自由化，消费者可以对电力公司进行选择。但电力的买卖还是由电力公司作为中间商。

与此相对，在 TransActive Grid 的系统中，交易是通过区块链自动处理、检验的。这不仅能够防止重复计算费用及违规行为的产生，同时还能降低运营成本。

TransActive Grid 的系统在纽约市布鲁克林区进行了实验性运行。

居民通过安装在屋顶上的太阳能发电，向微电网供电，并从微电网消耗电力。当一个家庭生产电力时，被称为"能源信用"的代币就会产生，而当电力被消耗时，代币就会消失。

在澳大利亚的珀斯也正在进行类似的实验。

Q 共享经济与自由职业者有着怎样的关系？

区块链将会改变工作方式。我们来思考一下共享经济与自由职业者之间的关系。

在美国，因为优步的普及，许多州有了黑车市场。也就是说黑车司机能够将自己的汽车作为出租车进行运营。有了优步，司机可以在上面注册并找到乘客，很多出租车司机离开公司成为自由职业者。

但现在优步会收取 20% 的手续费，所以这是不是真正意义上的共享经济仍存在疑问。

而如果通过区块链运营，则几乎不需要手续费。因此，自由职业者仍有很大的发展空间。

正如我们前面所提到的，共享还有一种形态，即众包。

该形态也有通过区块链进行运营的趋势。2014年成立的英国初创企业Colony便属于此类形态。

Colony的用户能够制作简历来记载自身的技能，并创建被称为"colony"的项目或企业，也可直接参加现有的colony。

虽然现在的众包必须向中介网站支付手续费，但手续费非常便宜。因此，自由职业者的收入增加，同时有望提高岗位的流动性。

Ｑ 随着共享经济的发展，是否所有人都无法再获得收入？

这种说法并不正确。因为还有资本家的存在。我们以通过区块链运营无人驾驶出租车为例进行思考。这个例子中没有劳动者，汽车为无人驾驶，并且也没有经营者，因为是由区块链代为运营。但汽车本身会归某一个人所有。通过共享经济对物品进行共享时，该物品的所有者会获取利润。

同时，劳动者的工作并不一定会因为共享经济而消失，还会出现比现在更有价值的工作。从整体而言，劳动者并不会因为该变化而受到损失，甚至也可能会成为劳动者的天堂。相关内容将在第 8 章第 2 节进行阐述。

我们也可以从全新的工作方式这个角度进行评价。共享经济提供了一种获得收入的手段，而不会被组织束缚，同时也不存在退休问题。共享经济之所以受到关注，是因为它拥有能够改变工作方式的可能性。

共享经济的另一个重要影响是模糊了所有与租赁之间的界限。这使得汽车等耐用消费品的抵押贷款更容易被受理（因为在不履行债务的情况下，抵押品处置更容易）。金融范围的扩大对于低收入人群而言是一个很大的福音。

第 7 章

IoT 与区块链

1. 什么是 IoT

Q 什么是 IoT？

IoT 是指物品通过互联网进行连接，也就是"物品的互联网"。同时，物品之间也会进行信息传递。

在稍早之前它也被称为"普适计算"。而从"机器对机器"的意义上来看，它还被称为"M2M"。

以往连接互联网的只有个人电脑、智能手机以及平板电脑等信息设备。虽然也有将电视机或数码相机等数码家电接入互联网的趋势，但这十分有限。

IoT 则是通过在物品上安装传感器，使其对象范围进一步扩大。接入互联网的物品被称为"智能设备"。

通用电气（GE）已经在实时监测飞往世界各地的飞机上的自产喷气发动机的状态。在航空公司和航运业中，公司也在监督客机和船舶的运行。

电力产业也涉及 IoT，例如通过智能电表掌握用电量，对发电设备进行远程控制，通过智能电网（新一代输电网）以地区为单位进行能源管理等。此外还有对燃气、自来水等社会基础设施的远程监控、业务高效化等。

在工厂管理中引进 IoT，能够从工厂运作的机器中获得更多的数据，更为准确地掌握制造现场的情况，由此将有望提高生产效率。多个生产基地通过互联网连接，并通过机器人和 AI 实现自动优化。而这就是德国正在推广的"工业 4.0"（第四次工业革命）项目。

Q IoT 真的是通过互联网连接的吗？

在日本，人们经常说，"IoT 是指将所有的物品通过互联网进行连接"。

其实，通过互联网连接所有物品不仅没有意义，并且会非常危险。

最重要的一点是，通过互联网连接所有物品并不能获得预期的效果。例如，只是单纯将烤面包机接入互联网并不能做出美味的吐司。

相反，我们在后面将会提到，如果将所有物品都接入互联网，反而会给黑客提供入侵的入口，这一点是极其危险的。

之所以希望将所有物品都接入互联网，正是反映了"如此一来传感器的需求将会增加，从而传感器的生产也会增加"这一日本电子设备制造商的夙愿。

Ｑ 如果物品都通过互联网连接，那么能否从中获得各种数据，并将其作为大数据进行使用？

大数据是大量琐碎数据的集合体。因此，如果能通过某种机制以几乎零成本的方式自动收集，它可能是有用的，但花费成本进行收集后能否获得相应的经济效益就不一定了。

谷歌（Google）及脸书（Facebook）可以通过搜索

内容，谷歌邮箱（Gmail）可以通过邮件内容等自动收集大量数据。这样便能够对大数据进行运用。

到目前为止，IoT 只被用于少数高附加值领域，例如喷气发动机控制和电力配电控制等。今后如果 IoT 的实施成本降低，相信适用范围也会随之扩大。但即便如此也不会出现所有物品都接入互联网的情况。

Q IoT 运用在哪些领域中？

首先运用在电力、燃气、自来水等重要基础设施中的安全及防灾对策、业务高效化、服务提升、节省能源、人员保护等方面。尤其在远程监控方面，由于设备的不断老化以及熟练工的短缺，对 IoT 的需求不断提高。

汽车制造商正在为车辆配备互联网连接功能，以便远程监控车辆并提供支持。通过收集实际运行的车辆数据，能够将其运用在今后的设计及创新工作之中。这被称为"车载信息服务"。

车载信息服务也可运用在商用车辆及物流管理之中。例如，对配送货车进行管理，使其能够更加高效地行驶等。或者由汽车租赁公司提供能够在车辆中享受的服务或信息，让乘客能够进行酒店及晚餐预约。

现在还出现了对汽车行驶信息进行实时收集，并据此计算保费的汽车保险。

当与家用电器相结合时，能够在外出时对家中的照明和警报装置进行操作，确认耗电量以及控制娱乐设备等。

据日本《信息通信白皮书》（2015 年版），2013 年连接互联网的物品（IoT 设备）数量约为 158 亿个，同时也预测到 2050 年会超过 1 000 亿个。

Q IoT 会带来怎样的未来？

首先，通过 IoT 能够实现工厂的高效管理。

通过实时掌握制造过程的信息与维护信息，生产线能够持续以最高效率进行工作。需要修理时，机器发出警告。便于企业对零件库存进行管理，通过与销售情况联动对生产进行控制。

同时还有对大楼各个房间情况进行监控。自动控制灯光与空调等，削减电力成本，收集办公室数据。

其次，通过 IoT 能够实现基础设施的管理与修理。以往企业都采用"损坏之后进行修理"的形式。但这样的做法会让损失扩大。因此我们需要变为"损坏之前"更换零件的预防保护的形式。传感器对情况进行监控，需要修理时发出信号。然后由自动驾驶汽车前去维修。如果是简单的工作，机器人就可以做到。例如，当没有人居住的地方的自来水水管发出了"发生漏水，需要修理"的信号时，自动驾驶的修理车就会前往现场进行修理，并计算费用向自来水管理机构进行报销。

医疗领域很早便已经开始采用，并将其用于生物信息监控等医疗设备，以及家庭医疗、远程医疗等领域。现在正在研究一种生物信息的收集、分析、管理系统，它使用装有传感器的药品，通过分析从中获得的数据来了解药品的摄取情况及身体状态。

如果运用区块链，便能够使许多智能媒体之间既相互通信又保护个人隐私。例如在身体上安装传感器，并将体温、心率、血压等信息传到网上。同时还可以对患者进行监测，从而减少医生不必要的出诊成本。

汽车自动驾驶预计将会在不久以后投入实际使用，如此一来便会形成一个汽车自动行驶，搭载乘客收取车费，自动前去加油并向加油站支付费用的形态。这些信息都会被记录在区块链中。

届时，当通过优步等平台叫车时，将会出现自动驾驶车辆前来接送的服务。用户只需使用"支付一定费用运行一定时间"的钥匙，解锁汽车后便可使用汽车。未来将有望实现自动提供钥匙使用、费用协商、签约、费用支付以及发生事故时的保险赔偿等服务。

此外，现在之所以无法从车辆上收取道路使用费，是因为存在技术性难题。如果嵌入道路的传感器能与汽车进行通信，就可以对其收取小额使用费。由此也能够缓解交通拥堵情况。

2.IoT 部署中存在的问题

ℚ 随着 IoT 的普及，安全方面是否存在问题？

在发展 IoT 的过程中还存在着许多问题。第一个是安全问题。

互联网是一个十分容易受到黑客攻击的通信系统。因此，如果通过 IoT 将各式各样的物品进行连接，则会产生许多安全漏洞，导致这些物品被网络攻击者利用。如果管理员对所有的连接点进行严格管理，不仅在处理速度方面会存在困难，还会花费很大的成本。

而这些问题会随着 IoT 的发展越来越严重。这是因为一些以前并不起眼的物品会成为黑客最理想的攻击目标。

当控制系统遭到网络攻击时，会存在大规模停电、断水、工厂生产停滞等大型事故的风险。汽车及医疗器械等也有可能会遭到黑客攻击。同时，机器人及无人机也存在被用于犯罪及恐怖袭击的风险。

大楼管理系统、交通信息系统等也会成为攻击对象。有时候即便不攻击服务器本身，通过攻击空调也会让服务器停止。

IoT产品通过通信获取非法数据，并因此导致功能故障时，使用该产品的终端用户无法自行解决相关问题，只能等待制造商前来处理。这种问题不仅会发生在个别产品中，同时也可能通过远程大范围发送数据致使整个国家同时发生多起故障。

Q 网络攻击会带来怎样的损失？

在美国，产业基础设施等监测控制系统曾经受到网络攻击，致使自来水处理设施的泵体发生了故障。原本应关闭的阀门被打开，导致下水流入了附近酒店的事故。

2010 年，一款名为"震网"的恶意软件（人工智能病毒）导致伊朗核反应堆故障，从而延迟了伊朗的核开发计划。

虽然核反应堆与互联网严格隔离，但据说间谍将恶意软件装入 USB 设备中，并将它插入研究所内的计算机使其被感染。此次恶意软件事件使核燃料设施铀浓缩离心分离机反复停止与启动，最终遭到了破坏。

"计算机病毒可能导致硬件被破坏，并且还会破坏核反应堆这类极为重要的装置"，这一事实震惊了全球。

Q 是否存在安全以外的问题？

还有软件的发展问题。

软件的发展往往比硬件更快。以个人电脑为例，在个人电脑因为物理原因损坏前，软件会过期，从而无法使用。

该问题在此之前便已经存在。然而，大型计算机的费用中包含了支持成本。个人电脑及智能手机则没有相关支持，制造商会促使消费者购买全新的个人电脑，而消费者只能不断进行更换。

但价格更为高昂的机器无法简单地进行更换。商家不会提出"因为汽车的软件已经更新，所以请更换汽车"这样的要求。但在 IoT 领域中并没有考虑过如何解决此类问题。

如此一来，制造商就必须不断地对使用旧软件的车辆进行维护，这就好像永远兼容 Windows 95 的个人电脑一样，会产生巨大的成本。如果需要提供数十年的支持，那么 IoT 将会成为一个无法盈利的业务。

3. 通过区块链解决问题

Q 区块链在 IoT 中发挥怎样的作用?

目前，许多 IoT 系统都通过集中系统进行信息处理。

这种方式会将机器收集的各类信息传输到中央数据中心，根据既定规则进行处理，并向修理工程师或其他设备等发出指令。

这种方式存在着几个缺陷。首先，运营系统所需成本过高，经济方面可能无利可图。由于机器与机器之间的信息传递频率极高，因此低成本化十分重要。

其次，在中心化的客户端 - 服务器型系统中，一旦流量过大负荷便会集中在服务器中，从而容易出现堵塞。再次，连接 IoT 的机器越多越容易遭受攻击，因此还需要采取相应的防御措施。

为了解决这些问题，有人提议使用区块链来操作系统。

正如第 4 章第 1 节所说的那样，相比中心化信息处理系统，区块链在各个方面都具有优势。首先，由于是多台计算机保存相同的记录，因此无论哪台发生故障都不会导致整体故障。其次，通过工作量机制杜绝了信息篡改的风险。因此，它具有强大的抵御攻击的特性。

再次，相比中心化信息处理系统，区块链的运行成本更低。在 IoT 发展的过程中，区块链技术的应用不可或缺。

Ｑ 日本企业在 IoT 的处理方面是否存在问题？

日本企业的较大问题在于过于执着产品制造。

在制作精密零件后组装成马达等制造领域，日本领先全球。

在自动驾驶汽车领域，虽然其重点在软件方面，但日本企业的关注点在硬件方面。

然而，在硬件与软件结合的系统产品时代之中，情况将会发生变化。现在已经有人认为制造的利润比例只有软件的十分之一。今后随着 IoT 的进一步发展，该比例可能会降低至百分之一。即便如此，日本企业仍然无法摆脱重视硬件的态度。

正如前面所说的那样，在日本存在着仅认为 IoT 是"增加传感器需求的系统"的观点。也就是说许多人并不认为这是一种"用于提升整体效率的系统"。

❑ 日本的开发工作为何没有取得进展？

这与高等教育的人才培养体系问题息息相关。

传统的大学学术体系无法适应全新的技术，即便如此，日本的大学工学部仍然会偏重于硬件方面的人才培养，并且这一趋势一直得不到转变。

同时，日本企业的封闭性也是问题所在，它们无法适应开放式创新。

开放式创新，是指不仅依靠企业内部创意，而且通过结合其他公司、大学、公共主体等来自外部的创意开发全新商业模式、产品及服务的方法。

然而，日本企业会构建垂直整合型的巨大工厂来防止技术外流，夏普龟山工厂便是典型事例。不仅如此，日本企业对于技术外流十分敏感，因此很难接受开放式创新的想法。

一方面，日本企业封闭性的特点导致无法培养创业企业；另一方面，大型企业由于组织僵化，传统的技术开发路线很难转型。

Q 量子计算机普及后会给 IoT 的安全带来问题吗？

量子计算机普及后会给现在的互联网安全带来巨大问题（参见第 8 章第 5 节）。区块链也无法幸免。

为 IoT 而开发的"埃欧塔"（IOTA）全新机制链条从 2016 年 7 月开始启动，并且获得了广泛关注。它使用了缠结（tangle）机制来取代区块链。

埃欧塔是由各个交易连接的，而非区块。同时，它还规定了"某一交易必须对两项交易进行打包"这一规则。如此一来，每名用户都会成为交易的打包人，因此交易手续费是免费的，不会像比特币那样只向打包交易的矿工支付报酬。

缠结机制同时还可以抵御来自量子计算机的攻击。此外，埃欧塔还使用了具备量子计算机耐性的电子签名。

同时，如表 1–2 所示，埃欧塔的市值在 2017 年 11 月上旬已经超过 15 亿美元，在整个数字货币中排名第 10 位。

第 8 章

DAO 塑造的未来社会

1. 什么是 DAO

Q DAO 是什么?

区块链所应用的,是没有经营者的事业。这是全新的组织形式——DAO。

迄今为止的组织形式,都有中心化机构,它们基于对自身的不同判断来进行组织运营。与此相对,DAO 是没有中心化机构的。多计算机形成 P2P 的网络,在协议约定的规则下做相应的判断、决定和执行。

这不是"应用区块链来经营"的组织。而是基于区块链,诞生了"不需要经营"和"可以没有经营者"的组织。

当然，基于 DAO 运行的组织，也是需要技术开发和维护人员的，但组织本身不需要管理人员。因此，就算当初的成员全都不在了，这样的组织也能运行下去。

可以说，这是未来的企业形式。

Ｑ 现在已经有 DAO 了吗?

比特币，就是一个 DAO 的案例。比特币与常规货币或电子现金的不同在于，没有管理者和经营者。这是个自动化运行的体系。

第 5 章到第 7 章介绍过的区块链相关产业也是 DAO 的案例。

第 6 章第 3 节介绍的 Slock.it 就是其中一例。其智能锁是基于区块链来运营的，所以不需要谁来管理或经营。

预测市场的 Augur 也是 DAO 的一种。虽然有通知预测结果的工作人员，但并不存在作为管理者的主导方。

还有一些在现实中还没出现，但也有各种可能性的产业。比如，出版业以 DAO 的方式也可以运行。在区块链上选择作者并下单，基于一定规则来评价稿件，经判断认为可以发表，就将稿件在网上刊载。稿费可以自动化支付。如此之下，编辑和出版社的功能就被弱化。

Q 应用区块链的组织，会存在什么问题？

最基本的问题就是，基于区块链运行的组织，如何做基本的决策。

这正是比特币在 2017 年 7 月和 11 月所直面的问题。比特币这个时代先驱，对于基本方针如何决策，是其必须直面的问题。也就是，一个没有管理者和经营者的组织，能否做出决策的问题。

同样的问题，在今后使用区块链的组织中也会发生。从这个意义来说，比特币引出极为重要的问题。

2. DAO 会改变人们的工作方式吗

Q **"机器人会夺走人类的工作"这一话题经常在媒体出现，这与 DAO 有关吗？**

组织的自动化，如表 8-1 所示，有两种主要模式。第一种是基于 AI 的机器人化，将目前劳动者从事的工作予以自动化。第二种是运用区块链，将目前管理者和经营者所从事的工作予以自动化。

在此之下，组织会走向何方呢？如表 8-2 所示，以有 / 无劳动者、有 / 无经营者两个维度，将其划分为 4 种形态，就一目了然了。

传统的公司组织，是左上方的①型组织，在这里既有经营者，也有劳动者。而右上方的②型组织，则是有经营者而没有劳动者，这里会出现人类与"自动化"和"机器化"竞争的现象。这是机器人和电脑取代劳动者的组织，比如有的企业，通过自动化工厂，机器可以自动制作产品；比如银行的ATM网点，其实是ATM对柜台职员的取代，这些都属于②型组织。

但是，自动化不仅限于此。也有计算机程序取代管理者而进行组织运营的情况。比特币就是成功的例子。有矿工作为劳动者存在，但没有经营者和管理者。这就是左下方的③型组织。没有管理者的组织，在实际中也能运转起来，比特币进行了实证。这是非常重大的创新。

DAO是③型组织的总称。这里面有劳动者，从事只有人类才能完成的工作。但是，运营组织的经营者，则被区块链所取代了。

另外，"既没有劳动者，也没有经营者的组织"将来很可能也会出现。这是基于区块链和AI技术，实现完全自动化的组织，即右下方的④型组织。

虽然现实中还不存在这种组织，但是在科幻故事中已经被描绘过了。比如在《终结者》系列电影中出现的

"天网"（Skynet）。在天网中只有计算机，而且可以造出机器人士兵，并驱使其消灭人类。在这样的组织里，无论是劳动者还是经营者，都被自动化了。

表 8-1　组织自动化的两种模式

（1）机器人化 　·劳动者工作的自动化 　·工厂的自动化 　·从银行窗口到 ATM
（2）区块链的利用 　·管理者工作的自动化 　·日常工作在区块链上自动化 　·DAO

表 8-2　组织的 4 种形态

	有劳动者	无劳动者
有经营者	① 传统的股份公司	② 使用机器的公司
无经营者	③ DAO	④ 基于 AI 和区块链的完全自动化组织

Q 如果区块链和 AI 普及，人类会不会失业？

AI 和区块链会大幅改变人们的工作方式，这一点是毫无疑问的。

区块链和 AI 是不同的事物，但它们都有可能成为强力的"破坏性创新者"，这不可否认。

比如在金融机构里，有的人员只是负责把信息从左边传递到右边，他们的工作早晚都会被 AI 和区块链所替代。大部分的银行职员都面临失业风险，也并非天方夜谭。

其他行业也是如此，从事中介服务的人会被替代。例如在共享经济的服务中，目前还需要有人送钥匙，但如果使用了区块链运行的智能锁，这项工作就不需要人来做了。只从事把物品从左边给到右边，或者信息传递的工作，在未来的组织结构中都可能被计算机替代。

随着信息技术的进步，人类的很多工作会被"抢"走，这一点不可否认。

但这不是计算机和人类之间的战争。人类的工作，不会被全盘替代。

人能够高超地运用计算机，一些工作只有人才能完成。工作方式改革的终极形态，就是实现这样的世界。

在 DAO 中，只有人才能完成的工作将会成为劳动者工作的中心。创造性的工作便是其中一例，但不仅限于此。在这种工作形态下，人们会专注于那些属于人的工作，并感受到工作的愉悦。

Ｑ 假如 AI 和区块链普及了，那么剩下的"属于人类的工作"具体都是什么呢？

会剩下什么样的工作，是非常重要的问题。

例如，第 6 章第 4 节所述的 Colony，如果基于区块链的众包模式被广泛应用的话，人们就可以更灵活和更自由地工作。

世界不再是否定个人独创性而只考虑整体协调性的组织，也不再是员工没给上司留下好印象就只能拥有不幸人生的组织。我们也许可以从过去的组织形式中开脱出来。

不仅如此。例如，有些经营小餐馆的老板会兼任大厨的角色。这个老板很可能是因为喜欢制作美食而开了餐厅，但实际上在美食制作以外的工作也是繁杂如山的。

这位老板要采购食材、发广告招揽客户、接待客户、买单算账等。再进一步说，还要支付水电费、会计记账、报税等。这些事只能老板自己去做。

但在这些工作中，有很多日常事务是可以由 DAO 完成的。比如采购食材时的价格协商等，DAO 就可以做。

但是 DAO 不能去制作美食以及开发新菜单。AI 也许是有可能的，但有很多食客不喜欢吃计算机做出来的食物。这样老板就可以专心做他真正喜欢的工作——制作美食。

正因为有了 AI 和区块链，人类才能去做那些更属于人类的工作。人类把计算机擅长的工作委派给区块链和 AI 就好，而自己去做只有人类才能做的工作。我们期待这样世界的到来。

不是说人类要做的工作是被"剩下"的，而是说人类的工作价值更高了。

目前虽说很多人类的工作可以被 AI 和区块链替代，

但也并非全部。而人类的有些工作的价值还会增加。

上述是关于创造性工作的举例。除此之外，还有很多工作只有人类才能完成。比如在护理服务中与老人聊天。

1894年在加利福尼亚州发现了金子，淘金者蜂拥而至。那个时候发生的故事，可以教给我们很多。

真正变得富有的人并不是淘金者，而是为矿工提供牛仔裤等所需物资的李维·斯特劳斯（Levi Strauss），还有为淘金者提供横穿大陆的运输马车的富国银行（Wells Fargo）。在即将上场的DAO时代，试问谁会成为李维·斯特劳斯和富国银行呢？

3.DAO 是如何改变社会的

Q 区块链会改变社会组织的结构吗？

区块链技术会对社会组织的结构产生很大影响，当下状况和 20 世纪 90 年代互联网刚兴起时极为相似。

区块链创造的未来社会是哪种形态，目前还完全不清楚。要看掌握主导权的是哪种组织，未来社会的形态也会据此存在重大差异。

Q 常听到"互联网让社会变平了"，实际是这样吗？

我们常听人们说："互联网的出现让世界扁平化

了。"计算机从昂贵的大型机变为廉价的个人电脑，而且通过使用互联网这一廉价的通信工具，小企业或个人正在瓦解大企业的优势，甚至吞没大型组织。

命令式管理的"指挥控制"（command and control）时代终结，个人与组织的协作才能更高效。组织中的下层人员可以完成大部分的工作，可以说，组织巨大化的方向逆转了。

当微软成为巨无霸的时候，很多人对具有创业性特征的苹果公司拍手称赞。

苹果公司发明了具有创新性的苹果手机产品，成为世界上最具价值的企业之一。

此外，还有街边的小书店被巨型电商亚马逊等所淘汰。谷歌和脸书等新生企业的市值也变得巨大。

引领经济的企业发生了变化。但那些我们期待让世界扁平化的主角，成长为支配市场的大企业。结果就是大企业优势依然，企业间的差距并未缩小。

不仅如此，组织内的层级结构也依然存在。自由职业者的工作在增加是事实，众包模式让专业人士获得了更多的自由工作机会。但整体观之，还是非常有限的。

即便如此，在美国还有很多陆续登台的创新企业。但在日本，传统产业领域的大企业依然具有强大力量，遗憾的是创新企业的成长环境并未得到改善。

Q 为什么无法消除大企业与小企业及个人间的差异？组织的层级结构为何不能减少？

这个问题，有以下几个原因。

大企业可以开展大规模的业务，所以可以把成本降下来。比如店铺经营，有资金实力的大企业就可以整合出丰富的品类。亚马逊可以积累大量库存，相比小书店来说具有明显的优势。

这是非常重要的因素。但组织层级结构没有变平的最本质原因，是目前的互联网还有所欠缺。

这就是在第4章第2节所陈述的，互联网的世界并不能将经济价值进行简单的传送。因此在支付成本方面，大企业具有压倒性的优势。

此外，在互联网世界无法证明真实性。因此小微企业难以获得信任，只有大企业才能获得信任。

Q 区块链能改变目前的状态吗?

互联网所欠缺的,正是区块链可以施展的地方。

在区块链的世界,不需要去信任人和组织。因为被记入区块链的数据不可篡改。而且有数千台计算机(节点)在夜以继日地运行和维持。这才是最值得信任的东西。这也是第 4 章描述的区块链的重要功能。

信任,不是因为交易对手是大企业,而是区块链结构可以保证交易的真实性。在这样的世界,小微企业或个人可以与大企业一样去融资和开展事业。因组织大小而产生的市场不公平会减少。从过去只能遵循由政府和大企业制定规则的世界中脱离出来。

今后会有各式各样的新想法被实现。基于区块链,社会各主体不再需要第三方中介,就可以直接进行交易。

IT 领域的革命,将通过区块链完成。

4. DAO 与现有社会的不同

Q 区块链与传统社会结构有哪些不契合的地方?

对于区块链应用事业的开展而言,现在最大的障碍是传统的法律体系。

从目前来看,技术上已经可以有几乎不需要人的组织了。但这样的组织结构能与当下的法律体系相对应吗?

传统的法律体系可没考虑过没有管理者的事业。如果出了问题,应该去起诉谁呢?

而且有个问题。即便人们认为 DAO 可以改善现有社会,也未必会将其视为传统法律体系下的合法性事物。

Q 在传统的法律体系下，比特币遇到什么问题？

如果比特币系统出现问题（比如，某人所持的比特币有一天突然消失了），应该起诉谁呢？是写比特币程序的人吗？是从事挖矿作业的计算机？还是进行比特币买卖的交易所？想来好像都不是特别合适。

况且，因为上述种种分布在全世界各地，所以也难以追责。

有人认为"这种责任主体不明的事业应当被禁止"，那么又应该如何禁止呢？

因为没有责任主体，除非全面禁止互联网的使用，否则是不可能封锁这类事业的。

Q 自动驾驶汽车存在什么问题？

关于自动驾驶汽车，类似的问题也已经被讨论过了。自动驾驶汽车发生事故的话，应该起诉谁呢？是设计这辆汽车的人吗？是制造汽车的人？还是乘客呢？这是个问题。

虽说这的确是个很难的问题，但在自动驾驶汽车中有负责汽车管理的人员。这个人难辞其咎。

但如果是以 DAO 运营租赁用的自动驾驶汽车，就会有问题。试想，如以 ICO 来募集资金、购买汽车并进行运营。这种情形下是不存在管理主体的。那么，谁应承担事故责任呢？这是个非常难回答的问题。

Q 共享经济存在什么问题？

有人提出，在共享经济下存在"无法区分供给者和需求者"的问题。

普通人（过去被视为需求者）成为供给者，这与现行法律体系之间有所不同。

尽管如此，因为毕竟还是有事业主体存在，所以这也并非是个无法应对的问题（如有必要，可以修正现有法律体系）。

但如果是以 DAO 运行的自动驾驶汽车呢？因为没有驾驶员，也没有运营的企业，传统法律体系没有考虑DAO 的存在，所以对这个问题也还是无从处理。

过去社会的基本结构是以"事业是由人来运营"作为大前提而建立的。但是，DAO 颠覆了这个前提。

Q 还存在哪些问题?

DAO 如果被黑客攻击了，那黑客作为犯罪者能受到处罚吗? 倘若出资者受到侵害，又针对谁去追究责任呢?

分布式市场 OpenBazaar[①] 也存在一些问题。因为通过这个市场，可以获得毒品和枪支等非法商品。但即便我们认为应该对其进行封锁，也要考虑一下如何封锁才好。只是处罚商品的买家吗?

ICO 也存在一些问题。当下对 ICO 合法性的讨论尚无结论。代币很有可能被视为有价证券。那么 ICO 就等同于在发行非公开的股票，而被认为是非法行为。

还有税的问题。DAO 在税法上的定位也一言难尽。

---

① 成立于 2014 年，是为 P2P 交易创建的分布式网络的开源项目。OpenBazaar 平台上买卖双方使用比特币进行交易，没有费用，而且不会受到政府监管机构的审查。简单来说，它就是亿贝和比特流（BitTorrent）结合的产物。——译者注

基于 DAO 运行的事业是否应该缴纳所得税和法人税？作为从业人员的矿工，他们的社会保障又该如何负担？存在诸多问题。

5. 量子计算机会破坏区块链吗

Q 什么是量子计算机？

量子计算机，是指运用量子力学的原理使计算速度（较之现在计算机）大为跃升的计算机。更进一步，又分为数字型计算机（又称"量子数字计算机""量子门方式"）和模拟型计算机（又称"量子模拟计算机""量子退火机""量子退火方式"）。

前者是现有数字型计算机的延展版。而后者则是在计算机中通过设定物理模型，将问题的状况予以再现并进行仿真模拟，这类计算机已经进入实用阶段。

给年轻人的数字经济启蒙

与数字货币和区块链有关的是数字型的量子计算机。只不过，至今还只是在小规模开发阶段，尚未到实用阶段。

另外，不管是数字型计算机还是模拟型计算机，所要解决的问题都与现在的计算机所处理的问题完全不同。目前，它们所发挥效力的地方还仅限于非常特殊的问题。

Q 量子计算机实用化会对区块链产生影响吗？

一方面，如果数字型的量子计算机实用化，可能会破解现在使用的公钥密码，而导致现在的电子签名失效。而且区块链的工作量证明结构也有可能会失效。如果是这样，会让现在的计算机安全面临崩溃的风险。这会给各方面都带来极大的影响。

另一方面，即便量子计算机实用化了，人们也可以开发出使其无法被破解的密码，如"格密码"和"量子密钥分发"。而后者，已经进入实用化阶段。

还可以开发基于量子计算机特性的电子签名。比如，有一种被称为"Lamport 签名"[①]的结构。

更进一步，还可以同时开发出区块链的进化版结构。第 7 章介绍的埃欧塔，就是用缠结机制来替代区块链的结构，这个结构可以对抗量子计算机的攻击（在此结构下，量子计算机的优势无从发挥）。

不过总体来说，无论是量子计算机还是对抗量子计算机的密码、电子签名、缠结机制等，任何一个都没有进入真正的实用阶段，还只是在实验的初期阶段。

---

① 由 Leslie B. Lamport（莱斯利·兰伯特）于 1979 年创建，它被认为是一种用于消息签名的量子健壮技术。感兴趣的读者可参考更为专业的资料。本书没有对该签名技术做更进一步的解说。——译者注

6. 关于区块链的进一步学习

Q 作为商务人士，需要做什么来应对这预期的大变局？

社会正处于技术的转折点之中，探寻那些 AI 和 DAO 所无法从事的、只有人类才能创造价值的工作。

比如，我是一名作家，而 AI 在一定程度上已经开始写作了。即便如此，我认为还是会留存下只有人类才能做的工作。自己到底为何来到这个世界？究竟什么是只有自己才能创造的价值？从此之后，应当多问问自己。

Q 想要认真学习区块链的话，读什么书比较好？

唐·塔普斯科特（Don Tapscott）和亚力克斯·塔普斯科特（Alex Tapscott）的《区块链革命：比特币底层技术如何改变货币、商业和世界》，对区块链相关领域进行了详细解说。[1]

野口悠纪雄的《区块链革命：分布式自律型社会出现》。[2]

马渊邦美的《区块链冲击：改变未来产业的核心技术》。[3]

安德烈亚斯·M. 安东诺普洛斯（Andreas M. Anton-opoulos）的《比特币和区块链》（NTT 出版社，2016 年）。

赤羽喜治、爱敬真生的《区块链：结构和理论》（RIC TELECOM，2016 年）。

---

[1] 于 2016 年被引入国内，由中信出版社出版。——编者注
[2] 于 2018 年被引入国内，由东方出版社出版。——编者注
[3] 于 2018 年被引入国内，由中国人民大学出版社出版。——编者注

Q 关于区块链或数字货币的报告，都有哪些？

▲日本经济产业省的报告

日本经济产业省在 2016 年 4 月发布了《关于利用区块链技术服务的国内外动向调查》。

在报告中，对区块链做了"期待应用于包括 IoT 在内的广泛领域""有可能成为所有产业的下一代平台"等表述。此外，还认为日本区块链相关产业的市场规模（有可能受区块链技术影响的市场规模）可达 67 万亿日元。

具体来说，可应用于以下领域。

（1）价值流通：如数字化平台的基础设施。

（2）实现权利证明的非中心化：如土地登记和特许权等。

（3）实现高效率的共享经济：如入场券、房间、租车、影音出租等领域的使用权管理，可以带来效率的大幅提高。生产者、服务者和消费者的界限消失。

（4）实现开放、高效和高信任的供应链：将小企业、生产运输等环节所割裂的库存信息，以及集中在下游的商品流通信息进行共享，使整体供应链更有效率。

（5）实现交易和流程的全自动化和高效化：大部分转化为 Back Office^①业务。

▲日本银行的报告

日本银行在 2016 年 11 月的《日银观察》中，发布了《关于日本银行发行数字货币——海外的探讨和实证实验》。

▲世界经济论坛的报告

总部位于瑞士日内瓦的非营利组织世界经济论坛，在 2016 年 8 月发布了可能给世界带来重大影响的十大新兴技术。区块链技术位列其中。

该论坛在 2016 年 8 月的报告中指出，区块链技术会成为下一代金融服务业的关键。

———————————

① 以企业资源规划（ERP）系统为代表的企业内部管理信息系统软件，又称后台管理系统。它覆盖了企业内部经营运作所有环节的管理，旨在将各业务环节的信息孤岛连接在一起，使得各种业务信息能够实现集成和共享。——译者注

▲普华永道区块链的报告

世界级咨询公司普华永道，在 2016 年 9 月发布了《区块链和自动化智能合约：智能合约能让数字商业自动化吗》，以下为摘要。

（1）到 21 世纪 20 年代，很多企业会使用基于区块链的系统。在简单交易中，需要确认和验证伴随而来的各种障碍与不便，会得到缓解或解决。

（2）资产或价值如能以数字化形态来表现，那么任何人都可以对该资产或价值进行相互交换。

（3）金融机构开始独自开展私链业务。其他企业也会追随。特别是随着基于区块链的智能合约的价值和力量的明确化，该趋势会进一步加速。

（4）对于 IoT 的发展来说，区块链也是不可或缺的。

（5）应用区块链，会带来效率的大幅改变。因此企业为维持竞争力，将不得不使用区块链技术所提供的共有账本作为交易端的基础。进入 21 世纪 20 年代，智能交易所需的清算时间仅为传统交易的几分之一。

（6）当此类交易进入大规模实用化时，就要求法律程序和商业程序发生变革。数字资产的移动，起初还只是小规模的局部范围内的交易，真正的 DAO 的实现，有赖于交易互联网和软件工程的力量，这还要花费相当的时日。与此相对，在法律制度没那么复杂的情况下，智能合约的实用化不会像电子商务那样需要很长时间。

给年轻人的数字经济启蒙